suhrkamp taschenbuch 235

In Klagenfurt hat Ingeborg Bachmann ihre Kindheit erlebt; ist diese Zeit noch zu finden in der Stadt von heute? Danach zog sie vor, zu leben in Rom und anderswo; was für Einladungen bietet Klagenfurt? Briefliche, autobiographische und andere Zitate Ingeborg Bachmanns lösen die Recherchen Uwe Johnsons aus, das Zusammenspiel beider Elemente illustriert die Spannung zwischen den beiden Orten. In Rom starb Ingeborg Bachmann am 17. Oktober 1973; in Klagenfurt ist sie begraben.

Uwe Johnson, geboren 1934 in Kammin (Pommern), gestorben 1984 in Sheerness-on-Sea (England). 1960 erhielt er den Fontane-Preis der Stadt West-Berlin, 1971 den Georg-Büchner-Preis.

Uwe Johnson
Eine Reise nach Klagenfurt

Suhrkamp

Umschlagabbildung: Ingeborg Bachmann
fotografiert von Uwe Johnson, Rom 18.8.1970,
Foto: Uwe Johnson-Archiv, Frankfurt am Main

suhrkamp taschenbuch 235
Erste Auflage 1974
© Suhrkamp Verlag Frankfurt am Main 1974
Suhrkamp Taschenbuch Verlag
Alle Rechte vorbehalten, insbesondere das der Übersetzung,
des öffentlichen Vortrags sowie der Übertragung
durch Rundfunk und Fernsehen, auch einzelner Teile.
Kein Teil des Werkes darf in irgendeiner Form
(durch Fotografie, Mikrofilm oder andere Verfahren)
ohne schriftliche Genehmigung des Verlages
reproduziert oder unter Verwendung elektronischer Systeme
verarbeitet, vervielfältigt oder verbreitet werden.
Satz: LibroSatz, Kriftel
Druck: Druckhaus Nomos, Sinzheim
Printed in Germany
Umschlag: Göllner, Michels, Zegarzewski
ISBN 978-3-518-36735-3

11 12 13 14 15 16 − 12 11 10 09 08 07

Eine Reise nach
Klagenfurt

Klagenfurt, Montag, 29. Oktober 1973

Außerdem ist sowieso jeder Nachruf
zwangsläufig eine Indiskretion. (a)

Nachruf, gehalten am 4. November 1973 in der Akademie der Künste, Westberlin:
Ingeborg Bachmann, außerordentliches Mitglied der Abteilung Literatur seit 1961, lebte vom 25. Juni 1926 bis zum 17. Oktober 1973. Geboren ist sie in Klagenfurt, der Hauptstadt des österreichischen Bundeslandes Kärnten. Sie studierte, von 1945 bis 1950, Philosophie an den Universitäten Innsbruck, Graz und Wien. Sie wurde 1950 in Wien promoviert für eine Dissertation über »Die kritische Aufnahme der Existenzialphilosophie Martin Heideggers«. Sie arbeitete mit dem »Wiener Kreis«, einer philosophischen Richtung, die versucht, ohne Benutzung der Metaphysik die erkenntnistheoretischen und logischen Grundlagen der Wissenschaft freizulegen. Von 1951 bis 1953 war sie angestellt bei der Sendergruppe Rot-Weiß-Rot. An späteren wissenschaftlichen Beschäftigungen sind vor allem zu nennen Beiträge zum Verständnis des Werkes von Ludwig Wittgenstein, Übersetzungen von Werken Sigmund Freuds ins Italienische und Beihilfen zur neuen Ansiedlung des Psychoanalytischen Instituts in Wien. Sie schrieb drei Libretti, alle für Opern von Hans Werner Henze. Ihre literarischen Veröffentlichungen sind:
Die gestundete Zeit. Gedichte. 1953.
Anrufung des Großen Bären. Gedichte. 1956.
Zikaden. Hörspiel. 1955.

Der gute Gott von Manhattan. Hörspiel. 1958.
Das dreißigste Jahr. Erzählungen. 1961.
Malina. Roman. 1971.
Simultan. Erzählungen. 1972.
Übersetzungen von Gedichten Ungarettis,
Prosastücke wie »Was ich in Rom sah und hörte«. In
Rom lebte sie zwanzig Jahre lang, mit Unterbrechun-
gen, so in Bayern, in England, der Schweiz, den U.S.A.,
in Westberlin, in Frankreich, in Hessen, gelegentlich in
Österreich. In Rom ist sie gestorben.

Das Ärgste ist, daß ich an der fixen
Idee, nach Rom gehn zu wollen, sel-
ber schuld habe (...). (b)

Aber Ingeborg Bachmann liegt nicht in Rom begraben.
Ihr Grab ist in Klagenfurt.

Man müßte überhaupt ein Fremder
sein, um einen Ort wie Kl[agenfurt]
länger als eine Stunde erträglich zu
finden (...). (c)

»Der Präsident des Landesfremdenverkehrsverbandes,
Karl Koffler, berichtete (bei der Vorstellung des neuen
Winterprospektes, am 30. Oktober 1973) über seine
Goodwilltour bei deutschen Reisegroßveranstaltern.
Es seien von dieser Seite einige Anregungen gemacht
worden, die bereits demnächst in der Kärntner Wer-
bung ihren Niederschlag finden werden. Um was es sich
konkret handelt, wurde allerdings noch geheimgehal-
ten.
Kärnten hat sein Badeland-Image, das gepflegt werden

müsse. Nun müsse nur noch ein Winter-Image gefunden werden. Die ›heile Umwelt‹ in Kärnten könnte als Werbeaussage dienen, preisgünstige Familienarrangements müßten die Attraktivität Kärntens vervollständigen.

Das Preisgefüge bleibt Angelpunkt des Fremdenverkehrs auch in der kommenden Sommersaison. Im Vorjahr dürfte in Kärnten ein Preisplafond erreicht worden sein, für die kommende Sommersaison wurden keine neuen Preiserhöhungen bei den Ferienarrangements gemeldet.

Die bedeutendste Anregung aus Deutschland betrifft wohl die Preisgestaltung in der Vor- und Nachsaison: Bisher war es in Kärnten üblich, für die Vor- und Nachsaison Preisreduktionen von zehn oder höchstens 15 Prozent zu geben. Dies ist im Vergleich zu den Vor- und Nachsaisonangeboten in Italien und Jugoslawien lächerlich wenig. Man sollte nun eine ›Zwischensaison‹ für Juni und die erste Septemberhälfte einführen, wo die bisherigen Vorsaison-Preisreduktionen angewandt werden könnten. In der tatsächlichen Vor- und Nachsaison sollten dann die Preise so kalkuliert werden, daß gerade die Kosten gedeckt sind. Dadurch könnte die Saison außerordentlich verlängert und die wirtschaftliche Gesamtnutzung der Fremdenverkehrsinvestitionen erhöht werden.

Allerdings müssen die Fremdenverkehrsgemeinden in einem umdenken: Das Unterhaltungs- und Betätigungsservice an den Vor- und Nachsaisongästen müsse verstärkt werden. Dafür könne man die Fülle der Veranstaltungen zur Hauptsaison ein wenig in die Vor- und Nachsaison verlagern.«[1]

Außerdem ist unsere Provinz hier wirklich völlig ruiniert, den See habe ich schon vom Programm gestrichen, weil jeder Quadratmeter von Rhein-Ruhr-Menschen okkupiert ist, die im billigen (!) »Sonnenland Kärnten« kostspielige Ferien verbringen, alles ist teuer und schlecht, und wer da auf wen hereingefallen ist, das stelle ich dahin. (c)

Auf den Übersichtskarten, die das italienische Ministero dei Trasporti e dell' Aviazione Civile in den Wagen seiner Ferrovie dello Stato aushängt, ist Klagenfurt leicht festzustellen: rechts neben dem 14. Längengrad, im Norden.

Von Italien aus ist Klagenfurt direkt zu erreichen mit dem Italien-Österreich-Express von Siracusa in etwa 30 Stunden, mit dem Romulus-Express von Rom in ungefähr zehneinhalb Stunden.

Nach dem Sommerflugplan der Austrian Airlines (OS) landet in Klagenfurt täglich um 11:25 eine D.C. 9 aus Frankfurt am Main, abgeflogen um 10:10 Uhr.[2]

Diese Angaben erfolgen ohne Gewähr. Sollten die westdeutschen Fluglotsen Ihnen eine Verspätung beschert haben, werden Sie vergeblich nach einem Bus suchen vor dem enormen Flughafengebäude, das am 11. September 1971 in Anwesenheit zahlreicher Würdenträger der Kärntner Flughafenbetriebsgesellschaft m.b.H. übergeben wurde: er bedient eine ländliche Linie, sein Fahrplan ist weniger antastbar.

Sie werden sich auf die Reise vorbereitet haben, etwa

durch den Erwerb von Wertpapieren, die Sie, neben runden Ziffern, mit den Bildnissen von Carl Ritter von Ghega (1802–1860), Ferdinand Raimunds (1790-1836), Angelika Kauffmanns (1741–1807) und Bertha von Suttners (1843–1914) wenigstens in die Anfänge österreichischer Kulturgeschichte einzuführen versuchen. Bertha von Suttner zum Beispiel ist bekannt für das Verfassen eines zweibändigen Romans »Die Waffen nieder« (1899); 1892 inspirierte sie Alfred Nobel zur Stiftung eines Friedenspreises; 1905 erhielt sie ihn. Diese papiernen Scheine sind etwas unhandlich. Für Telefongespräche würden Sie Schillinge in Münzen benötigen.

Weniger gut wären Sie beraten durch jene Prospekte, wie das Landesfremdenverkehrsamt Kärnten (A–9010 Klagenfurt, Alter Platz 15) oder dessen Werbestelle für die B.R.D. (D–4358 Haltern/Westf., Rekumerstraße 11) sie ausgibt. »So schön ist Kärnten« unterrichtet Sie über Möglichkeiten von Segeln, Rudern, Wasserski, über architektonische, landschaftliche, gastronomische Genüsse und solche der lokalen Bekleidungsindustrie, jedoch scheint ausgeschlossen, daß hier jemand begraben wird. »Klagenfurt/Wörthersee« bietet Ihnen zusätzlich städtische Ansichten und den Anblick jenes viermotorigen Propellerflugzeuges, das die Austrian Airlines früher benutzten, zwar ist im inneren Blatt die Lage der Stadt in einem Tal zwischen Bergen und am See zeichnerisch angedeutet, jedoch fügt es sich, daß just eine Bergkuppe Ihnen den Blick auf das Gesuchte verstellen muß. Zu empfehlen ist »Klagenfurt / die Gartenstadt am Wörthersee«, da dieser Prospekt auf der Rückseite einen Straßenplan enthält, auf der vorderen ein Hotelverzeichnis und noch eine Darstellung der Landschaft von dem selben E. Kucher. Hier erblicken Sie jenen Maria Saaler Berg im Norden, aber wiederum ist zu einer Undeutlichkeit zugestrichelt, was ihm zu Füßen liegt, und eben so unterdrückt der instruktive Stadtplan die Annahme, es könnte hier irgend wo ein Friedhof sein.

Jemand ist auf die Idee gekommen, den Flugplatz neben den Friedhof zu legen, und die Leute in K[lagenfurt] meinten, es sei günstig für die Beerdigung der Piloten, die eine Zeitlang Übungsflüge machten. Die Piloten taten niemand den Gefallen, abzustürzen. (d)

Wer aber das Wort *neben* nicht so wörtlich nimmt, da er auch vorbereitet ist auf ein *Niemandsland zwischen Friedhof und Flugplatz,* fährt im Taxi, ehe er sich's versieht, schon entlang an einem weißlichen langen Gebäude, muß vielleicht warten vor den Doppelschranken bei der Station Annabichl, der Strecke Klagenfurt – St. Veit an der Glan, gewinnt die Richtung nach Süden, die St. Veiter Straße, kann mit einer ersten Besichtigung der Stadt beginnen, wird rechts das Landeskrankenhaus neu bemerken und die berühmten Gebäude und Bildmale bloß nach den Prospekten wieder erkennen, bis er am Bahnhof abgesetzt wird, wo er eben so gut hätte ankommen können, auf dem Walther-von-der-Vogelweide-Platz. Inzwischen wird er ahnen, daß die Bahnhofstraße um ein weniges zu lang ist und will, daß ein Fußgänger sich die Stadt erst einmal verdient; daß in der Stadt hingegen ihn des öfteren die Frage erwartet, ob dieser Platz, jenes Palais, welche Kirche denn nun am besten gelungen sei, welche Wortwahl zumindest offene Vorsätze andeutet.

Man müßte überhaupt ein Fremder
sein, um einen Ort wie Kl[agenfurt]
länger als eine Stunde erträglich zu
finden, oder immer hier leben (...).
(c)

Die Stadt Klagenfurt (Stadt mit eigenem Statut) umfaßt, seit der letzten Eingemeindung vom 1. Januar 1973, als die Bürgermeister von Klagenfurt und St. Veit einander auf dem *Ulrichsberg mit seinen Rübenfeldern, Lärchen und Fichten* als neue Nachbarn die Hände drückten:

die Stadtbezirke I – XII,

mit den Katastralgemeinden

Ehrental	Nagra
Blasendorf	Neudorf
Goritschen	Pubersdorf
Grossbuch	St. Martin
Grossponfeld	St. Peter
Gurlitsch I	St. Peter am Karlsberg
Hallegg	St. Peter bei Tentschach
Hörtendorf	St. Ruprecht
Klagenfurt	Stein

13

Kleinbuch	Tentschach
Kleinponfeld	Waidmannsdorf
Lendorf	Waltendorf
Marolla	Welzenegg

und den Ortschaften

Amelsbichl	Nessendorf
Bach	Pitzelstätten
Berg	Polkeritsch
Dellach	Ponfeld
Ehrenbichl	Poppichl
Emmersdorf	Retschach
Faning	St. Jakob an der Straße
Görtschach	St. Martin
Gottesbichl	St. Peter am Bichl
Grossbuch	Seltenheim
Gutendorf	Stegendorf
Hallegg	Schönfeld
Hörtendorf	Tentschach
Kleinbuch	Trettnig
Limmersdorf	Tultschnigg
Lippitz	Weißenbach
Mörtschen	Winklern
Nagra	Worounz.

Die Stadt Klagenfurt befindet sich 445 Meter über dem Meere (auf dem Neuen Platz).
Ihre Fläche umfaßt 122,11 Quadratkilometer.
Sie zählt neuerdings 83,872 Einwohner.
Sie besitzt eine Wörthersee-Schiffahrt, die auf der Strecke Klagenfurt-Velden verkehrt.

An Wochentagen wird allgemeiner Markt auf dem Benediktinerplatz gehalten.
Der Wochenmarkt wird gehalten an jedem Donnerstag und Samstag auf dem Benediktinerplatz. Der Markt in der Kanaltaler Siedlung findet statt an jedem Mittwoch und Samstag. Jeden Donnerstag ist Viehmarkt auf dem Schlachthofgelände.
Regelmäßiger Zugverkehr. (Bahnsteig I und II.)[3]

Man müßte überhaupt ein Fremder
sein, um einen Ort wie Kl[agenfurt]
länger als eine Stunde erträglich zu
finden, oder immer hier leben, vor
allem dürfte man nicht (...) auch
noch wiederkommen. (c)

Inzwischen werden Sie nicht nur ein Hotelquartier sondern auch im Bahnhof einen Stadtplan erworben haben, einen brauchbaren, herausgegeben 1963 vom Stadtbauamt Klagenfurt, Vermessungsabteilung, sogar ein Maßstab ist angegeben, 1:12,500, mit einem Strichnetz, in dem das einzelne Feld 500 Meter andeutet. Eine Friedhofstraße gibt es im Verzeichnis der Straßen, aber wo sie nach seinen Angaben dargestellt sein sollte im Plan, steht das Wort Flughafenstraße. Sie werden die Entfernung bis zum Zentralfriedhof Annabichl auf etwa 5 Kilometer schätzen, die Stadtwerke Klagenfurt berechnen die Strecke auf 4,7 Kilometer; vor Ihnen steht der Bus A, Hauptbahnhof-Annabichl, die Fahrt kostet 4 Schilling und dauert 20 Minuten.
Annabichl werden Sie nicht nur als Endhaltestelle erkennen, denn im Aussteigen bereits geraten Sie vor

reichhaltige Assortiments ziergärtnerischer Produkte. Im Norden des Wendeplatzes, rechts von der Straße in Richtung Wien, bemerken Sie ein Etablissement, das Dürnsteiner Flohaxn anbietet, desgleichen Fremdenzimmer. Rechts daneben ein Wirtshausgarten, das Café Blumenstöckl, eine Blumenhandlung im Umbau, diese mit zwei Anleitungen in Lebenskunst:

BETRETEN DER BAUSTELLE VERBOTEN.
WÄHREND DES UMBAUS GEHT DER
VERKAUF WEITER.

Sie haben Zeit, dies nachzuprüfen, denn über der nach Osten führenden Flughafen- (nicht Friedhof-) Straße sind abermals die Doppelschranken niedergelassen, wie zu erwarten bei einer werktäglichen Durchfahrt von 35 Zügen nach Wien oder Villach, die Gütertransporte nicht gerechnet, alles übrigens auf einem Gleis. Rechts von Ihnen die Haltestelle Klagenfurt-Annabichl der Ö.B.B. Links voraus die Städtische Friedhofsgärtnerei, eine schulterhohe Mauer und das längliche weiße Gebäude, das Ihnen bekannt ist. Die Fenster zur Straße sehen weder verhängt noch zugestrichen aus. An den Seiten ist der Bau bezeichnet als LEICHENHALLEN. Der Torpfosten verspricht Ihnen einen

GARTEN DER RUHE

GEÖFFNET
April – Oktober 6h – 20h
November – März 8h – 17h.

16

Die gewünschte Auskunft bekommen Sie im Büro der Friedhofsverwaltung: Es ist Feld XXV, Klasse I, in der Reihe 3 die Nummer 16. Sie werden gebeten, den Hauptweg zu benutzen, bis zum Hauptkreuz, sich dann rechts zu wenden und wieder links Stufen hinauf.

Es kann sein, daß Ihnen Totendiener begegnen, Leute mit barettähnlichen Mützen, in schwarzen Kutten mit einem Umhang über der Brust. Vielleicht bemerken Sie am Hauptweg links, daß das Feld III beginnt mit der Gedenkensanlage

DEN OPFERN FÜR EIN
1   1
9   9
3   4
8   5
FREIES   ÖSTERREICH,

vor der eine blecherne Bank für Kerzen aufgestellt ist. Das Hauptkreuz zeigt tatsächlich eine gekreuzigte Figur in schlichter Ausführung, rechts daneben sind geringfügige Stufen. Sie betreten das Feld XXV. Sie sind da.

Eine Klasse fällt Ihnen kaum auf. Eine dritte Reihe können Sie feststellen. Das Grab Nummer 16 finden Sie nach Umständen. Wenn der Sarg am 25. Oktober beigesetzt wurde, dürfen Sie vier Tage später noch kein Schild erwarten. Ein Abschreiten der Reihe drei nach dem Maß der belegten Stellen hilft Ihnen die Stelle im unbelegten Rasen nicht gleich finden. Sie werden sich entschließen müssen zu dem frisch aufgeworfenen Hügel unter den neueren Kränzen, in ungefähr südlicher

Richtung angelegt, links von vier Birkengruppen.

Nicht weit davon, am nördlichen Rand des Gräberparks, steht am schütter durchwachsenen Maschendraht eine Bank, von der aus das Grab gut zu betrachten ist. Hinter Ihnen eine Bauernwirtschaft, zu Terndorf gehörig, im späten Sonnenlicht die wiesigen Hänge des Maria Saaler Berges, oberhalb nicht gänzlich ohne Dunst.

Non si fuma nel cimitero?

Der Kranz des Landeshauptmanns von Kärnten, links, trägt auf seiner Schleife die Farben Gelb/Rot/Weiß. Das Amt der Kärntner Landesregierung, vertreten durch sein Kulturreferat, zuvorderst: dunkelrote Schleife. Rot/Weiß/Rot, rechts hinten: Der Bundesminister für Unterricht und Kunst. (Auch bekannt als eine Sendergruppe.) Weiter vorn mit Grün/Weiß/Rot: Der Bürgermeister der Landeshauptstadt. Dazwischen eine lockere Abdeckung des Hügels aus Blumen, meist Nelken, mit nadligem Gestrüpp, auch kleineren Tannengebinden. Vorn rechts vier Kerzen aus weisslichem Material, nicht ganz ausgebrannt. Die Gebinde verstecken die Erde nicht ganz. Es ist gut zu sehen, daß sie schwere rundliche Steine enthält. Der ausgehobene Boden ist in diesem Jahr schon einmal gefroren gewesen.

vor allem dürfte man nicht hier auf-
gewachsen sein und ich sein und
dann auch noch wiederkommen. (c)

Klagenfurt

Eines Tages ziehen die Kinder um in die Henselstraße. In ein Haus ohne Hausherr, in eine Siedlung, die unter Hypotheken zahm und engherzig ausgekrochen ist. Sie wohnen zwei Straßen weit von der Beethovenstraße, in der alle Häuser geräumig und zentralgeheizt sind, und eine Straße weit von der Radetzkystraße, durch die, elektrischrot und großmäulig, die Straßenbahn fährt. Sie sind Besitzer eines Gartens geworden, in dem vorne Rosen gepflanzt werden und hinten kleine Apfelbäume und Ribiselsträucher. Die Bäume sind nicht größer als sie selber, und sie sollen miteinander groß werden. (d)

Ein Weg zur Schule von unterhalb des Kreuzbergls. Der lohnt die Straßenbahn nicht; heute der Bus P hält ab Beethovenplatz noch drei Male und ist da. Vom *Laubengang* durch die Karner- oder die Lerchenfeld- auf die Radetzkystraße, dem Anschein nach auf einen Kirchturm zu. *Die Kinder wissen nicht, wieviel es geschlagen hat, denn die Uhr auf der Stadtpfarrkirche ist stehengeblieben.* Die Häuser der Radetzkystraße sehen nicht aus wie in der Gründerzeit gebaut; der Schulweg ging ein paar Jahre lang zwischen Ruinen hindurch. Solche Bomben fallen manchmal mitten auf den Fahrdamm, auf den Gehsteig. Noch nicht. Über den nach Villach benannten Ring, der zusammen mit dem von St. Veit und Völkermarkt und Viktring die Innenstadt zusammenhält. Hier lagen einst die Wälle der Festung Klagenfurt, jedoch als die Gründer drankamen, wünschten sie etwas in der Art der wiener Ringstraßen. Dabei sprang um 1904 ein Stadtpark ab, nun rechts des Weges, aber 1905 mußte Friedrich Schiller noch einmal sterben, so heißt die Anlage denn nun nach der ihm gepflanzten Eiche. Die auf der linken, welchen Namen konnte sie dann noch bekommen als den Wolfgang Goethes? Lauter Ausländer. Der nächste Park, gleich im Norden anschließend, sollte nunmehr einem Musiker *und* Österreicher gewidmet sein, Schubert hieß der. Da geht es nicht entlang. Es geht vorbei am Künstlerheim, dem Sitz des Kunstvereins für Kärnten, 1914 gestiftet von Seiner K. u. K. Apostolischen Majestät Franz Joseph I. unter Mitwirkung des Adels und Akademischer Künstler, da lernt man schon unterwegs, wie die Kunst wohnt. Rechts, zwischen den Lärchen Schillers, ist schon die Rückseite der Schule zu sehen, wenigstens die Hofmauer; erst einmal steht links das Stadthaus, in dem heute die Abteilung Kultur lebt mit, ganz recht, den Luftschutzakten Klagenfurts. Noch nicht. Unverhofft sind Sie doch nicht auf den Turm der Stadtpfarrkirche zugegangen, sondern entgegen einem Platz, angestochen von zu vielen Straßen, unverläßlich umbaut, an den Theaterplatz. *An schönen Oktobertagen kann man, von der Radetzkystraße kommend, neben dem Stadttheater eine Baumgruppe in der Sonne sehen. Der*

erste Baum, der vor jenen dunkelroten Kirschbäumen
steht, die keine Früchte bringen, ist so entflammt vom
Herbst, ein so unmäßiger goldner Fleck, daß er aussieht,
als wäre er eine Fackel, die ein Engel fallen gelassen hat.
Und nun brennt er, und Herbstwind und Frost können
ihn nicht zum Erlöschen bringen. Was für ein Stadttheater. Jugendstil? Nämlich, 1908 regierte der zuständige
Monarch (seinen Namen sollt ihr nicht erfahren) im 60.
Jahr, so ehrte die Gemeinde sich in ihm, und 1910 war
es fertig. Der Kenner denkt, er steht in Gießen an der
Lahn! Es war eben eine spezialisierte Firma, diese Fell-
ner & Helmer aus Wien, dies wurde bereits ihr 49.
Kunstwerk, mit ungarischen Farben im Dach, denn be-
stimmt war es ursprünglich für Osijek (inzwischen gar
nicht mehr ungarisch). Die unter der Sonne blitzenden
Farben werfen dem Betracher Gold ins Auge, er blickt
sich wund, REGIERVNGSJAHR steht da zwischen
den Wappen; so lernt man Latein und ist noch gar nicht
in der Schule. Jetzt aber nimmt der Bürgersteig die
Schritte sanft und stramm in eine rechtswärtige Bie-
gung, das tun viele Straßen so nicht, Ursulinengasse
heißt sie nun, und ehe Einer sich's versieht, bekommt
das ockerfarbene Gemäuer ein falsches Rundportal,
dann ein echtes, und wer jetzt die rechte Hand aus-
streckt, ist schon in der Schule. Das war einmal ein
Mädchenrealgymnasium, das erste seiner Art in Kärnten, 1929 als Privatschule gegründet vom Konvent der
Ursulinen.
So steht es auf einer Urkunde, die an der Ecke der Jer-
gitsch- und Koschatstraße in einen Grundstein einge-
mauert ist, nicht weit von hier, aber ganz wo anders. Die
Ursulinen meinen, das sei 1928 gewesen. Es kann ihnen

nicht darauf ankommen. Sie sind schon seit dem 20. April 1670 in Klagenfurt. Anfangs unterhielten sie ihre Schulen im Ursenbeck'schen Haus (der Mitgift einer Novizin) in der hochadligen Herrengasse gegenüber, 1694 hatten sie genug Geld für ein eigenes Konventsgebäude neben der Heiligengeistkirche, der Kärntner Adel half einzeln und als Löbliche Landschaft im ganzen. 1688 kauften die Ursulinen einen Bauplatz vom Grafen Rosenberg hinzu, 1690 verloren sie Reparaturkosten an einem Erdbeben, 1728 brannten sie ganz allein ab. (1723 brannte fast die ganze Stadt ab, aber als das Feuer ins Kloster wollte, drehte der Wind und schmiß einen Platzregen auf die schon rauchenden Dächer.) Im 19. Jahrhundert war es Zeit zum Aufstocken, 1900 mußten sie ein ganzes Schulhaus neu errichten lassen, so daß ihr Areal endlich zusammenhing und am Heiligengeistplatz eine Länge aufwies von 85 Metern und nahezu selber die Ursulinengasse darstellte mit dort 180 Metern. 1670 gingen fünfzig Mädchen zu ihnen in die Schule,

1690:   300

1824:   800

1838:   1000,

da gab es in ganz Klagenfurt nicht einmal das Zehnfache an Einwohnern. Die Ursulinen wollten Kinder im Catechismo unterweisen, auch »wass einen Christen Zu wissen obliget«, die »Dienstmagden undt Einfältige Weiber« am freien Tag versorgen mit der Christlichen Lehr, dann neben der Elementarschule richteten sie eine Hauptschule ein, ab 1856 bildeten sie Lehrerinnen aus, ein Haus für Waisenkinder unterhielten sie, 1900 bekamen sie das Öffentlichkeitsrecht, sie hatten zu tun. Aber man ließ sie nicht in Ruhe. Sie wurden gestört bisweilen. Feuersbrunst. Erdbeben. Nach einem ungarischen Aufstand, wer mußte da Sippenhaft ausüben an einem elfjährigen Mädchen? Die Ursulinen von Klagenfurt. Kaiserliche Sondersteuern für die österreichische Rüstungspolitik. Nach der glorreichen Befreiung Wiens von den Türken im Jahre 1683 eine Vorschreibung von 9800 Talern für das Ursulinenkloster Kl. Die Kriege der Maria Theresia kamen abermals teuer; bei einer Durchreise gab die Dame nicht mehr als 100 Dukaten zurück, als Spende. Unter der französischen Besetzung im Jahr 1809 wurden sie erst die Kirche los und dann alles; drei Monate Asyl in Gurk. Im Krieg 1914/1918 mußten sie ein Militärspital aufnehmen.[4] Am 15. März 1938, zur Zeit des Mittagessens, stellte ein davongelaufener Landsmann sich hin in Wien und meldete den Eintritt seiner Heimat in das Deutsche Reich. »Deutschland und sein neues Glied«: so sagte er. Die Ursulinen gehörten nun dem neuen Reich. Die Schülerinnen auch. Noch nicht. Noch nicht. Die Straßenfront des Gebäudekomplexes wird gerade in einer elfenbeinernen Farbe renoviert. Sind die Haken noch zu sehen, an denen einst die Oberleitung der elektrischen Straßenbahn befestigt war? Doch, einer ist noch zu sehen.

Solch ein Schulweg kann neunzehn Minuten dauern. Auch einundzwanzig, und darüber. Aber ihn in zwei Minuten zu schaffen, zu Fuß ist es ganz unmöglich.

(Die Kinder) lernen Französisch.
Madeleine est une petite fille. Elle est
à la fenêtre. Elle regarde la rue. (d)

Carinthia abounds in forests. The sun shines often in this province. It has Klagenfurt as its capital. The city is distinguished by fine wide streets and an airport. The cemetery is outside. We are proud of a cloth and leather industry. Please change these sentences by using the progressive participle. Die Klassenräume für die jüngeren Kinder sind im ersten und zweiten Stockwerk. Wer nicht aufpaßt, kann hinaussehen auf die Rückseite von Kirche und Konvent, auf die Bäume in den Höfen und die Jahreszeiten. Wieviel ist 83,849 durch 6,8 Millionen? Die Klassenzimmer sind ausgelegt mit schlichtem Parkett, im steinernen Fußboden der Gänge sind die Nähte zu erkennen zwischen den gewölbigen und den neuzeitlichen Bauteilen der Schule, die Striche vergehen nicht unter den Schuhsohlen. Kärnten wurde 976 ein deutsches Reichsherzogtum, damit ist es vorbei. Auf den Pausenhof geht es über viele Treppen hinab und hinauf, da stehen zwei untersetzte Apfelbäume, kugelig. Die Henselstraße ehrt das Andenken von Friedrich Hensel, im Alter von 25 Jahren, am 17. Mai 1809, kam er zu Tode als Kommandant der Festung Malborghet, weil eine Übermacht französischer Truppen unter dem Befehl des Vizekönigs von Italien das Fort unter Beschuß nahm. Manche der Ursulinen tragen einen weißen Kittel, manche die schwarze Kutte, alle die schwarze Haube; Gottverbundenheit und Hingabe an die Jugend sind die beiden Pole, um die das Leben der Ursuline kreist. Ein protestantisches Kind jedoch bekommt seine geistliche Unterweisung separat. Von daher kommt es nach Hause mit eines Mörders *Schatten, den die Bäume in der Dämmerung werfen.* Ab Mitte Februar 1672 bewahrten die Ursulinen ein damals elfjähriges Mädchen auf, das durfte mit niemand sprechen, weil sein Vater, der Banus von Kroatien, für sein Komplott gegen Habsburg mit einer Enthauptung nicht genug bestraft war; ihr Sarg steht in der Gruft unter dem Langhaus der Heiligengeistkirche, bei der leisesten Erschütterung zerfiele er zu Staub. En Autriche les boites à lettres publiques sont peintes en jaune.

Die Kinder wissen nicht, wieviel es geschlagen hat, denn die Uhr auf der Stadtpfarrkirche ist stehengeblieben. Sie kommen immer zu spät von der Schule heim. (d)

Kinder, die die Schule schwänzen möchten, brauchen nur geradeaus zu gehen, wie abgeschossen von der Richtung, schon sind sie auf der anderen Seite der Ursulinengasse. Durch die Theatergasse ist es nicht weit bis zur Stadtpfarrkirche. Hier haben die Klagenfurter bis 1776 ihre Toten begraben, danach nur noch bei einer Strafe von zwölf Dukaten. Von den alten Grabdenkmälern sind einige in die Kirchenmauern von St. Egyd eingelassen. 1622 klagt das Ehepaar Grimming von Stall, es seien ihm sechs Kinder »bald nacheinand tot fürworden«; sechs Särge stehen auf dem Stein in einer Reihe, nach rechts abfallend, perspektivisch. Von 1610 ist der Stein der Caterina Pacobello, die ist als kleines Mädchen gestorben. Das ist alles lange her, Annabichl liegt weit entfernt und gehört nicht einmal zur Stadt. Es genügt auch, bloß auf der anderen Seite der Ursulinengasse zu bleiben. Dorthin können die Lehrerinnen der Oberstufe blicken über den Rand des Milchglases, aber auch ihnen ist es ja nicht gestattet. Hier steht, gerade gegenüber dem Schuleingang, ein Sockel mit der Büste von Franz Josef Reichsgraf von Enzenberg, 1747–1821, unten liegt sein mit Dornen umwundenes Wappen. In Regierungsdiensten von Klagenfurt und Venedig, ein Schutz und Schirm den Bürgern gegen die maßlosen Franzosen, wirkte er als Schriftsteller und Dichter unter dem Pseudonym Gerbennez. Wer wird es einem schulfreien Kind verwehren, das Landhaus auch einmal vom Hof her anzusehen, es ist so gut wie Unterricht. Die Burg und Kanzlei der Kärntner Landstände, das Hufeisen mit den Türmen, die Arkadienstiegen, die Arkadiengalerie, der Brunnen. Von außen? Renaissance. Eine Zwei ins Buch! Die Wiesbadener Straße ist fast schon aus dem Blickwinkel der Schule, deren Name ist in Geschichte vielleicht nicht vorgekommen, da hilft eine schwere Tafel nach mit den Jahreszahlen 1920 und 1930 zwischen zwei Wappen und dem Text in Fraktur: Die Stadt Wiesbaden / im Jahre der Rheinlandbefreiung / der Stadt Klagenfurt / zum Gedenken an die Volksabstimmung. Das kriegen wir später. Dann kommt schon der Neue Platz mit dem Rathaus und dem Lindwurmbrunnen. *Der heilige Georg steht auf dem Neuen Platz, steht mit der Keule, und erschlägt den Lindwurm nicht.* In Wahrheit zwar waren es Fischer, die erbauten einen Hochsitz am Rande des Lindwurmsumpfes vor der Stadt und köderten das Tier mit einem fetten Bullen an einem mächtigen Widerhaken und schlugen es tot. Von hier gibt es kein Zurück mehr in die zweite Schulstunde. Nun bleiben nur noch die kleinen Gassen, und wenn sie krumm sind, waren sie schon da im Mittelalter.

Wenn die Reifeprüfung der 8. Klasse 1944 abgehalten wurde, begann die dritte Klasse 1938. Da war es nicht mehr das Mädchengymnasium der Ursulinen.

*Es ist kein Geld im Haus. Keine
Münze fällt mehr ins Sparschwein.
Vor Kindern spricht man nur in Andeutungen. Sie können nicht erraten,
daß das Land im Begriff ist, sich zu
verkaufen und den Himmel dazu, an
dem alle ziehen, bis er zerreißt und
ein schwarzes Loch freigibt. (d)*

Geheime Kommandosache. Der Oberste Befehlshaber der Wehrmacht. OKW. L I A Nr. 427/38. Betr.: Unternehmen Otto.
Die Klagenfurter Zeitung vom Dienstag, dem 15. März 1938, im 163. Jahrgang, Nummer 61, meldete unter dem Titel eine »Heimkehr Österreichs ins Mutterland«, vorgefallen am 13. März. Die Schlagzeile ist flankiert von zwei Kreuzen mit rechtwinklig angesetzten Balken. Die Unterbrechung zwischen Kreuzenden und Balken ist deutlich auszumachen und läßt Behelfsarbeit in der Setzerei vermuten, jedenfalls noch nicht ein gegossenes Zeichen. Auch steht das Symbol entgegen den Ritualvorschriften hier noch platt auf einem unteren Balken. Die Meldungen der ersten Seite:
In der Nacht auf Samstag 3 Uhr seien Panzerabteilungen und Kraftfahrkolonnen in Wien eingetroffen. Begrüßung des ersten Transportzuges auf dem Matzleinsdorfer Güterbahnhof.

5:22 Uhr	Grenzübertritt deutscher Truppen in Oberösterreich
5:45 Uhr	Übertritt bei Sallbrücken
5:52 Uhr	reichsdeutsche Tanks in Salzburg
9:00 Uhr	reichsdeutsche Truppen in Kufstein
10:00 Uhr	reichsdeutsche Truppen in Salzburg
10:00 Uhr	reichsdeutsches Kraftfahrregiment in Scharnitz,

kurz darauf (der Reporter ermüdet sichtlich):

reichsdeutsche Truppen in Bregenz und Innsbruck.

Es war nicht eigens die Rede davon, daß dies gerade die 8. Armee war. Womöglich galt schon als militärisches Geheimnis, daß die Reichsdeutschen ungenügend vorbereitet waren für das Chauffieren in einem Lande, wo links gefahren wurde, daß sie dadurch und durch die Entleerung öffentlicher Tankstellen an vielen Orten ein Verkehrschaos organisierten. Es gab Tote. Von fast allen Fahrzeugen blieben welche liegen: Panzerkampfwagen, Panzerspähwagen, Lastkraftwagen, Personenkraftwagen, Motorräder, Sonderkraftfahrzeuge, Zugkraftwagen, Mannschaftswagen. Auch der österreichischen Lager von Bauxit, jenes für den Flugzeugbau so nützlichen Rohstoffs, wurde nicht Erwähnung getan. Vielleicht war dies einer Redaktion in Klagenfurt nicht zugänglich. Andernfalls begann auch auf solche Weise schon die verschworene, die verschwiegene Waffenbrüderschaft.

Um so detaillierter wurde eine andere Art Nachrichten traktiert. Die Klagenfurter Zeitung vom selben Tag meldete, was sie beim örtlichen Polizeikommissariat habe erfahren können: Die folgenden politischen Häftlinge befänden sich im Polizeigefangenenhause:

FRANZ KOMATZ	KARL HENHAPL
KARL KRUMPL	EMMERICH PERNEGGER
ALOIS KARISCH	GABRIEL WALDHAUSER
FELIX HURDES	GEORG SIMETSBERGER
FRITZ KRÖGLER	SILVESTER LEER
BRUNO KRISTLER	F. MIKLAUTZ
HANS GROSSAUER	THOM. WEISS
ROSA ORISCHNIG	FRANZ STEINER
VALENTIN ORISCHNIG	HEINRICH LAUER
ANTON HAFNER	HUGO SCHWENDENWEIN
FRANZ MITTERDORFER	KARL SCHUSCHNIG
ADOLF TASCHLER	PETER SCHLOIF
JOSEF HÖCHTEL	FRANZ PUGANIGG
IGNAZ TSCHURTSCHENTHALER	HERMANN LIESTOCQ
ALOIS KROBATH	OTTO ZHUBER
HUBERT PETZ	RUDOLF HAJEK
HEINRICH GALLHUBER	FRITZ WOLDRICH
THOMAS BÜRGER	ALBIN SWETLICH
FERDINAND GRAF	ALOIS HALLER
JOSEF JARITZ	KARL OLIVOTTO
JOSEF MÜLLER	JOSEF NOWAK
FRANZ MÜLLER-STROBL	LEONHARD KUTTNIG

In Wien sei der Bürgermeister in Schutzhaft genommen, höhere Beamte der Staatspolizei, darunter ein Hofrat; Dr. Gleissner (der Landeshauptmann von Oberösterreich) sei aus Wien verschwunden. Beim Bundespolizeikommissariat Villach seien die Kriminalbeamten Gross und Grundschnig enthoben, desgleichen die Sicherheitsbeamten Enko, Pingist und Grailer.

Das reichte bei weitem nicht. Die dringenden öffentlichen Bedürfnisse waren nicht einmal fürs erste gestillt. Es fehlte noch etwas.

»Was sich in Klagenfurt seit Samstag an Begeisterung abspielte, läßt sich nur mit dem Freudentaumel nach der Volksabstimmung vergleichen. Am Nachmittag des Samstags schon standen die Leute dichtgedrängt auf dem Neuen Platz, der übrigens in der Zwischenzeit zum Adolf=Hitler=Platz umgetauft wurde, um auf den Einmarsch der deutschen Truppen zu warten. Stunden um Stunden standen sie da, um endlich zu erfahren, daß Samstag noch keine Truppen kommen würden. Doch immer wieder wußten Ankommende zu sagen, daß die Truppen doch, gegen Mitternacht, zu erwarten seien, und so harrte die Masse geduldig bis in die späteren Nachtstunden, sich mit dem Absingen deutscher Lieder und Sprechchören die Zeit vertreibend.

Der Sonntagvormittag sah die gleiche Masse wieder geduldig der Ankunft der deutschen Truppen harrend. Auf dem Hitler=Platz erfolgte gegen Mittag ein Aufzug aller militanten Formationen der NSDAP., der auch gefilmt wurde.

Um 11 Uhr endlich verlautbarte man im Rundfunk die Ankunft von deutschen Fliegern. Gleich darauf wälzte sich eine ungeheure Menge zum Flugfeld, um den Ankommenden herzliche Willkommensgrüße zu entbieten. Es trafen dann nach und nach dreißig Flugzeuge ein, deren Insassen von dem Gauleiter der NSDAP., vom Landeshauptmann und vom Bürgermeister begeistert begrüßt wurden.

Der Fackelzug.

Um 8 Uhr abends veranstalteten die gesamte Garnison von Klagenfurt sowie Gendamerie und Polizei einen imposanten Fackelzug durch die reichbeflaggte Stadt. Die Teilnehmer sammelten sich in der Gasometergasse und zogen durch die Bahnhofstraße vor das Gebäude der Landeshauptmannschaft. Hier brachte die Kapelle des Infanterie-Regiments Nr. 7 dem Gauleiter der NSDAP. ein Ständchen, wobei sie das Deutschland= Lied und das Horst=Wessel=Lied spielte, die von Teilnehmern und Zuschauern mitgesungen wurden. Unter Sprechchören und dem brausenden Jubel der Zehntausende zählenden Zuschauermenge nahm der Fackelzug, dessen Ende durch die e h e m a l i g e n i l l e - g a l e n S S . - L e u t e der Klagenfurter Bundespolizei gebildet wurde, den Weg weiter durch die Bahnhofstraße und Burggasse auf den Adolf=Hitler=Platz, wo die einzelnen Formationen Aufstellung nahmen. Die Offiziere der Garnison Klagenfurt begaben sich nun vor das hellerleuchtete Rathaus, wo sie sich mit den deutschen Fliegeroffizieren vereinigten. Gemeinsam mit den deutschen Fliegertruppen erfolgte hier der Abmarsch durch die Sternallee, Pernhartgasse, von der über den Adolf=Hitler=Platz und durch die Karfreitstraße vor die Jesuitenkaserne. Hier erfolgte sodann die Auflösung des Fackelzuges. Der Jubel, den die Menschenmassen den Teilnehmern am Fackelzug entgegenbrachten, zeigte neben der allgemeinen Begeisterung für die Ereignisse der letzten Tage auch die innere Verbundenheit des Volkes mit seiner strammen Wehrmacht.«[5]

Ja. Aber auf dem Flughafen von Graz war schon am 13. März um 12:18 Uhr eine deutsche JU 52 mit dem Kennzeichen D-APOW gelandet. Als in Deutschland Heldengedenktag war. Um 12:18. Schon am 13. März. In Graz-Thalerhof. Nicht in Klagenfurt.[6]

Hait måch i main Hund a Fraid:
eerst hau i ihn recht, nåchher heer i
auf. (e)

»Um etwa 1 Uhr nachts trafen in Klagenfurt mehrere
Lastkraftwagen mit deutscher S c h u p o in Klagenfurt ein, die sich jedoch nicht weiter aufhielten, sondern
mit unbekanntem Ziel weiterfuhren.«[5]
Es war kein Abschied für immer, oder für lange. Am 16.
März waren sie schon in einer Stärke von tausend Mann
in Klagenfurt stationiert. Anläßlich einer Parade
dankte der Chef der Schutzpolizeitruppe für die überaus herzliche Begrüßung durch die Klagenfurter Bevölkerung mit der Versicherung: Die Deutschen Schutzpo-
lizeitruppen fühlten sich schon nach wenigen Stunden
Klagenfurt wie zu Hause in Deutschland. Liebe Menschen und herrliches Landschaftsbild machten den Aufenthalt in der Landeshauptstadt zu einem Erlebnis; leider werde die Zeit zu kurz sein, um alle Naturschönhei-
ten Kärntens bewundern zu können.[7] Die Bevölkerung
bewunderte vornehmlich die disziplinierte Front-
ausgleichung und den stramm langgestreckten Stech-
schritt.
»Bald wird hinter jedem tätigen und untätigen Österreicher ein Preuße stehen, und er wird mit bitter treffen-
dem Tadel nicht sparen, wenn es irgendwo hapert.«[8]

Es hat einen bestimmten Moment
gegeben, der hat meine Kindheit zer-
trümmert. Der Einmarsch von Hit-
lers Truppen in Klagenfurt. Es war
etwas so Entsetzliches, daß mit die-

32

sem Tag meine Erinnerung anfängt:
durch einen zu frühen Schmerz, wie
ich ihn in dieser Stärke vielleicht spä-
ter überhaupt nie mehr hatte. Natür-
lich habe ich das alles nicht verstan-
den in dem Sinne, in dem es ein Er-
wachsener verstehen würde. Aber
diese ungeheure Brutalität, die spür-
bar war, dieses Brüllen, Singen und
Marschieren − das Aufkommen
meiner ersten Todesangst. (f)

Die bewaffnete Truppe war da, die Schupo war angekommen, die S.S. hatte ihre Stellungen bezogen: nun
noch »Klagenfurt in Erwartung des Führers«? Stand
dies in der allmächtigen Vorsehung? War es vorstellbar?
Das Gerücht regte zumindest das Straßenbild Klagenfurts seit Montag auf. In den Geschäften für Fahnen und
Wimpel wurde so gedrängt, daß von Zeit zu Zeit die Sachen mit dem Hakenkreuz ausgingen. Immer neue Fuhren mit Tann und Fichtenreisig kamen in die Stadt,
allenthalben angeblich waren Frauen und Mädchen damit beschäftigt, Girlanden anzufertigen. Wenn einer
nicht wußte, wie er sein Haus oder seine gemieteten
Fenster nach deutscher Ordnung schmückt, konnte er
sich im Alten Rathaus, 2. Stock, Tür 8-9, beraten lassen. Vorläufig waren überhaupt nur Hakenkreuz- und
Kärntner Fahnen zur Hissung zugelassen; verboten waren die ehemaligen Staatsfarben Österreichs und die
Fahnen der ehemaligen österreichischen Front; gewarnt wurde ferner vor dem Anbringen von Haken-

kreuzen auf den kärntner Fahnen. Das Ziel war ein »einheitlich geschlossenes« Straßenbild: es galt als nicht angängig, daß neben langen Fahnen ganz kurze gehißt wurden. Wettbewerb der Stockwerksbewohner war, weil geschmacklos, zu unterlassen. »Volksgenossen stehen in einer Richtung und überbieten sich nur im Arbeitseifer.« Den bezüglichen Anordnungen der Amtswalter der Partei war sofort Folge zu leisten. Lampions, Kerzen, Vasen und ähnlicher Kitsch waren von den Fenstern zu entfernen. Besondere Vorsicht bei der Anbringung von Kranzgebinden! Keine Juden in der Rechtspflege. Es komme vor, daß Abteilungen oder Dienststellen ohne vorherige Weisung Privatautos anfordern. »Dies ist sofort einzustellen, da sonst die S.S. gegen jede Übertretung auf das schärfste vorgehen wird.«[9] Das Tragen von Hakenkreuzen und Parteiabzeichen ist deutschen Volksgenossen vorbehalten und hat jeder Andersrassige, der Hakenkreuze tragen sollte, Unannehmlichkeiten zu gewärtigen. Mittwochs Aufmarsch des N.S.B. vor der klagenfurter Arbeiterkammer. 7000 Kundgebungsteilnehmer angetreten! 9000! Der N.S.B. übernimmt mit der Kammer die Angestelltenkrankenkasse, die Landeskrankenkasse, die landwirtschaftliche Krankenkasse und die Landwirtschaftliche Versicherungsanstalt. Die Reichsmark gilt neben dem Schilling, 1 RM = 1 Schilling 50 Groschen. Begeisterte Kundgebungen der Arbeiterschaft. Absingen des Zuhälterliedes. Zum ersten Mal gemeinsamer Marsch mit der Unternehmerschaft. Ansprache des Landeshauptmanns Wladimir von Pawlikowski an die Arbeiter: »Ohne euch hätte Kärnten diesen Tag nicht erleben können, denn keine Regierung und kein Staat kann leben ohne seine Arbeiter. Dies wußte auch unser geliebter Führer, der, selbst aus dem Arbeiterkreis stammend, von allem Anfang an die Arbeiterschaft auf seinen Weg mit sich nahm.«[7] Nochmalige Absingung der Zwillingshymnen. Vor Begeisterung tosende Menge löst sich auf dem Kardinalplatz auf. 36 mit Lautsprechern ausgestattete Autos der Gaufilmstellen Berlin, Magdeburg-Anhalt, Baden, Düsseldorf und Thüringen fuhren durch die Kramergasse auf den Adolf=Hitler=Platz. Aus den Wagen wurden kleine Hakenkreuzfähnchen verteilt. Erster Wagen bringt Gruß des Rheins an die Donau! »Nur allmählich zerstreuten sich die riesigen Menschenmassen, die frohbewegte Stimmung jedoch hielt bis in die späten Nachtstunden an. Der nächtliche Bummel auf dem Adolf=Hitler=Platz bot ein interessantes Bild insofern, als zwischen heimischer Bevölkerung und der Schutzpolizei eine herzliche Allianz geschaffen wurde, wie sie eben nur durch gleiche Gesinnung zustande kommen kann.«[7] Achtung! Aufruf! Die Deutsche Kärntner Frauenhilfe Klagenfurt bittet dringend um alkoholfreies Getränk sowie um Lebensmittel zur Bewirtung der Leibstandarte unseres Führers. Vor Alkohol wird gewarnt! Abzugeben in der Westschule, in der Küche, Erdgeschoß.

Was aber, wenn er nicht kam?

War jener je in Klagenfurt?

Diese Frage erregt in Klagenfurt am 30. Oktober 1973 kaum Unwillen, ob sie nun Straßenpassanten, auf Parkbänken, im Hof des Landeskrankenhauses oder Eisenbahnern beim Bier gestellt wird. Sie scheint nicht zu gelten als taktlos, zudringlich oder provokativ; auch mag ein ausländischer Zungenschlag sie entschuldigen. An diesem Dienstag traf sie auf ein historisches Interesse, das mit privatem vermischt war.

Eine hochbetagte Dame, sehr freundlich, ohne geringste Bedenkzeit: das wisse sie auf den Tag genau. Am 20. Juli 1938 war's.

Andere Auskünfte:

Ja, er war hier. Aber er ist durchgefahren.

Ach was, ausgestiegen ist er! Incognito!

Im Krieg mal. Da bin ich auf dem Bahnhof von Kripo durchsucht worden, nicht durchgelassen worden! 1943 war ich verwundet, da – nein, da war's nicht.

Auch am 16. März war es noch für lange Zeit nicht deutlich. Es konnte einem erscheinen, als sei dies Alles gewesen. Als komme nun nichts mehr. Der Zeitung saß das Hakenkreuz inzwischen dauerhaft in der Titelmitte, und zwar vorschriftsmäßig schief aufgestellt. In der Zeitung stand: Die Aufhebung der Zollgrenze mit dem Deutschen Reich. Die Verordnung zur Durchführung der Wiedervereinigung des Landes Österreich mit dem Reich (von Hitler selbst erlassen!). Am Dienstag, dem 22. März, erträgt der Verlag der Klagenfurter Zeitung es nicht mehr, daß der Völkische Beobachter (Ausgabe Wien) den Mißbrauch des Hakenkreuzes »mit ironischer Schärfe« angeprangert hat, entfernt das indische Fruchtbarkeitssymbol aus ihrem Titel und lehnt dessen Verwendung bei Inseraten ab. Am 1. April wurde der erste Transport von Österreichern ins Konzentrationslager Dachau überführt: Hundertfünfzig, alle gezählt. Am Ende mochte H. durch vorzeitige Reisen in Österreich nicht jene Volksabstimmung vom 10. April beeinflussen, der er schon im März so wirksamen Respekt bezeugt hatte. Vielleicht kam er nie nach Klagenfurt.

Den Mitarbeitern der Hochschule für Bildungswissenschaften (vormals Studienbibliothek) in der klagenfurter Kaufmann-Gasse darf man solche Frage nicht stellen, es sei denn, es werde eine prompte Auskunft gewünscht, mag deswegen der Dienstbetrieb durch bibliophile Diskussionen ein wenig aufgehalten werden. Schon beim dritten Mal bringt der Aufzug das Gewünschte: Dienstag, den 5. April 1938.

Um 9 Uhr verläßt Adolf Hitler das Parkhotel zu Graz und begibt sich zu seinem Sonderzug nach Klagenfurt. Während der viereinhalbstündigen Fahrt durch die Berge Steiermarks und Kärntens wird der klagenfurter Höhepunkt vorbereitet: in allen durchfahrenen Bahnhöfen sind die Bahnsteige dicht bestellt mit jubelnden Menschen, angeblich auch »aus den entlegensten Gebirgsdörfern zur Straße des Führers herbeigeeilt«, um ihm zu danken.[10] Noch kurz vor 14 Uhr war der Bahnhof Klagenfurt erfüllt von dem Jubel der Verehrer, die mit Sonderzügen anderer Art angekommen waren. Um 14 Uhr tritt die schlagartige Ruhe ein: Adolf Hitler betritt einen Bahnsteig in Klagenfurt. Erster Händedruck mit S.S.-Obergruppenführer Lorenz, danach Begrüßung der übrigen Würdenträger. Auf dem Bahnhofsvorplatz Abschreiten österreichischer Infanterie, der Ehrenkompanie des bayrischen Jägerbataillons, der Ehrenkompanie der Luftwaffe, einer Hundertschaft Schutzpolizei, der Ehrenkompanie der Leibstandarte. Brausender Beifall von allen Seiten der dicht gedrängten Bevölkerung. Abfahrt zum eigenen Platz. Die Bahnhofstraße soll keinen Fleck gehabt haben, der nicht rot war von Hakenkreuzfahnen, alle Fenster dicht besetzt, vielfaches militärisches und ziviles (mehrstökkiges) Spalier. Vor dem Rathaus steht dann das kleine klagenfurter Mädchen in Landestracht mit Tränen in den Augen. Händedruck.

Im Rathaus erwarten den Besucher unter verbündeten Funktionären auch der Senior der evangelischen Geistlichkeit, Herr Pechel, und der Fürstbischof, Herr Dr. Hefter. Adolf Hitler begrüßt den Fürstbischof beim Eintritt mit herzlichen Manieren. Der Fürstbischof tritt vor und dankt dem Führer und Reichskanzler dafür, daß er wieder Glück in das Land bringe. Weiterhin spricht der Fürstbischof die Überzeugung aus, daß nun der Friede auch in Österreich wieder einziehe.[10]

Der Bürgermeister bittet den »Einiger aller Deutschen«, die Ehrenbürgerschaft von Klagenfurt anzunehmen und seinen Namen als erster in das goldene Buch der Ehrenbürger einzutragen. Der Geehrte lehnt nicht ab und hält eine Rede. Von draußen die Sprechchöre der Bürger von Klagenfurt und Kärnten, denen es zu lange dauert und die ihren Führer sehen wollen. Vom Neuen Rathaus bis zum Hotel Sandwirt in der Pernhartgasse sind es wenige Schritte. Der Reichskanzler legt diese im Automobil zurück. Während er das Hotel betritt, stimmt die vierzig Reihen tief gestaffelte Menschenmenge das Deutschlandlied an. Das Hotel ist von S.S. umstellt.

Hofer, Andreas, Führer der Tiroler im Volkskampf von 1809, geboren am 22. November 1767 im Gasthaus »Am Sand« bei St. Leonhard im Passeiertal, am 20. Februar 1810 im Italienischen von den Franzosen exekutiert. Innsbruck, ich muß dich lassen, zu Mantua in Banden, Freiheitskämpfer, Sandwirt.

Gegenüber dem Hotel im kalten Schatten stehen Bewohner des Gailtals und singen das Kärntner Heimatlied. In den Bäumen sitzende Kinder rufen immer wieder sehr laut »Hitler«, worauf jedes Mal die Menge einfällt mit »Heil«. Zweimal folgt der Ausgerufene und tritt auf den mit goldenem Lorbeer geschmückten Balkon.

Zwischen präsentierten Gewehren verläßt er das niedrige Haus und betritt den Wagen, der auf dem roten Läufer vor dem Eingang vorgefahren ist. Abfahrt zur Kundgebung. Da die Straßen eng sind, brechen sich die Heilrufe an den Häuserwänden. Im Eingang der Messehalle steht ein kleines Mädchen in blauem Kleid und weißer Seidenschleife und überreicht dem Ortsfremden einen Strauß roter Nelken, welchen er mit Rührung entgegennimmt.

Die Reden wurden von einer Kanzel herab gehalten, über der ein goldener Adler angebracht war. Die Reden wurden von Sprechchören unterbrochen (Wir danken . . ., Ein Volk, ein Reich . . ., Sieg . . ., etc.). Hitler führte unter anderem etwas zur Volksabstimmung aus: es werde keine Wahl sein, es werde eine Wallfahrt sein.[10]

»In den Abendstunden bot die Stadt ein noch nie gesehenes Bild. Zu Zehntausenden zogen die Volksgenossen aus dem ganzen Lande durch die Straßen. Viele Tausende trugen die uralten Trachten des Landes. Gesang und Lachen, Musik und begeistertes Erzählen überall, das war das Bild eines frohen, glücklichen Volkes. Am Abend scharte sich eine zu Tausenden zählende Menge um das Hotel Sandwirt, die in Sprechchören das Erscheinen des Führers erbat. Der Führer trat immer wieder auf den Balkon oder an ein Fenster und

dann war des Jubels kein Ende.«[10]
Uralte Trachten (in Auswahl):
Große schwarze Hüte, weiß-rot-grüne oder rote Leib-
gürtel, Reindlhüte, kurze Faltenröcke, gestärkte weiße
Hauben (Glantal, Rosental, Gailtal, Lavanttal).
Trachten der slowenischen Minorität.
Bleiberger Bergleute mit blau/gelb gestreifter Fahne.
S.A.-Uniform der Verbotszeit.
Bürgergarde von St. Veit: Purpurrote Leibröcke, weiße
Hosen, schwarze Stulpenstiefel.
Kärntner Kreuz Erster Klasse (graues Eisen).

Auf den Straßen ziehen Kolonnen
von Marschierenden. Die Fahnen
schlagen über den Köpfen zusam-
men. » . . . bis alles in Scherben
fällt«, so wird gesungen draußen. (d)

Da war des Jubels kein Ende.
Am 19. Juli 1938, an einem Mittwoch abends traf der
Reichsminister Pg. Dr. Goebbels in Klagenfurt ein. In
einer Rede versprach er: »Wir nehmen dieses Kärntner
Volk und Land ganz fest und treu an unser deutsches
Herz.«[11] Obwohl dieser nicht viel länger als eine Stunde
in der Stadt blieb, konnten ihm im Landhaushof die fol-
genden Gesangs- und Tanzstücke zu Gehör gebracht
werden:
»Diandle, tief drunt' im Tal«
Der »Rosentaler Steirische«
»Der Deutsche« (aus der slowenischen Gemeinde Mie-
ger, aber mit echt germanischen Ausdrucksformen)
»Kein schöner Land«.

40

Am 24. Juli 1938, einem Sonntag, verkündete der »Stellvertreter des Führers«, Rudolf Hess, in Klagenfurt vermittels eines Staatsaktes die Errichtung eines Mahnmals für die »schicksalsschweren Julitage des Jahres 1934« in Klagenfurt. Das Gaupropagandaamt hatte eigens an die Bevölkerung appelliert, Rudolf Hess nicht mit Blumen zu bewerfen (wegen der Gefahr von Verletzungen).[11]

Da mochte nun eines Tages Krems a. d. Donau sich hinstellen und behaupten, es sei immer »eine Hochburg des nationalsozialistischen Gedankens« gewesen. Hatte Krems solche Besucher gehabt, und in solcher Menge? (Mochten sie auch nicht direkt von Berlin, sondern von Graz hergekommen sein.) Und überhaupt, wo lag Krems an der Donau? Klagenfurt hingegen war »die südöstlichste Gauhauptstadt, die südlichste Grenzstadt des Großdeutschen Reiches«!

Die Volksabstimmung, von Hitler erweitert auf seine Handlungen und den Zustand des Reiches, blieb keineswegs vergessen. Pünktlich am 10. April, ordentlich war sie durchgezogen worden.

Stimmberechtigt waren 4,484,000 Österreicher
Für Hitler stimmten 4,453,000 Nazis
Ungültig stimmten 5,776 Österreicher
Gegen das Reich stimmten 11,929 Österreicher.[12]

1938 auch kamen die Toten Klagenfurts zurück in die Stadt. Annabichl samt dem Friedhof wurde eingemeindet. Ein anderer Zug, forsch, schlagartig eben, die reichsdeutsche Kommunalpolitik.

Eingemeindet wurde 1938 weiterhin das Mädchenrealgymnasium der Ursulinen. Für die Eltern, die nicht begreifen konnten, was die Kinder für Geschichten von der Schule nach Hause brachten, gab es, gerade noch rechtzeitig, öffentliche Unterweisung. In der Klagenfurter Zeitung wurde am 9. August aus Wien mitgeteilt, was »Nationalsozialistischer Staat und Schule« bedeuteten. Die großdeutsche Pädagogik berief sich auf Maria Theresias »Allgemeine Schulordnung« vom 6. Dezember 1774, sowie auf die von Kaiser Franz II. erlassene »Politische Verfassung der deutschen Schule in den k.u.k. deutschen Erblanden« sowie auf das österreichische Reichsvolksschulgesetz vom 14. Mai 1869 und leitete aus dieser Tradition einen staatlichen Vorrang der Jugenderziehung her. Die daneben bestehenden religiösen, privaten und Koedukationsschulen werden angeprangert als eine »Freizügigkeit«, die Kastenschulen hervorgebracht habe, entsprechend den Schranken, welche Unterschiede der Herkunft, des Standes und der Konfession durch das Volk zogen. Solche Unterschiede kenne der Nationalsozialismus nicht, also entspreche ihm eine Schule, die für alle gemeinsam sei. »Durch die gemeinsame Schule soll das ganze deutsche Volk zu einem einheitlichen Ganzen geformt werden, zu einem kraftvollen, lebensbejahenden, in sich geschlossenen Volkskörper, der alle Schicksalsproben bestehen wird, denen er unterworfen werden mag.« Die neuen Erzieher sollen durch die nationalsozialistische Lehrerbildungsanstalt gegangen sein und gleichzeitig in den Formationen der Partei und der Wehrmacht ihren Pflichten gegenüber dem Volke genügt haben. Nach Punkt 20 des Parteiprogramms wird das Öffentlichkeitsrecht den staatlichen Schulen vorbehalten.[13] Eine »allgemeine Bildung« wird abgelehnt. Die zusammengefaßte Aufgabe der Schule bestehe darin, im »Verein mit den Erziehungsmächten des Volkes, aber mit den ihr eigentümlichen Erziehungsmitteln, den nationalsozialistischen Menschen zu formen.«[14] Die Schule blieb im Haus der Ursulinen, aber es war ihnen genommen wie das Recht zum Unterricht. Mit dem neu eingesetzten Lehrkörper wurde sie ab Herbst 1938 nach dem reichsdeutschen Lehrplan geführt als Staatliche Oberschule für Mädchen. *Mein altes Gymnasium* war gestohlen.

Stadt mit dem Viktringerring und St. Veiterring . . . Alle Ringstraßen sollen genannt sein mit ihren Namen wie die großen Sternstraßen, die auch nicht größer waren für Kinder, und alle Gassen, die Burggasse und die Getreidegasse, ja, so hießen sie, die Paradeisergasse, die Plätze nicht zu vergessen, der Heuplatz und der Heilige Geist-Platz, damit hier alles genannt ist, ein für allemal, damit alle Plätze genannt sind. (d)

Nach dem reichsdeutschen Lehrplan mußten die Kinder auch ein Klagenfurt lernen, wie sie es nicht gekannt hatten:

Arnold Riese-Straße wurde damals	Arnoldstraße
Ausstellungsstraße	Maulbeerallee
Benediktinerplatz	Platz der S.A.
Paulitschstraße	Egger-Lienz-Weg
Schloßstraße	Eichengasse
Feldgasse	Hans Sachs-Straße
Dollfußplatz	Feuerwehrplatz

Dollfußstraße	Ramsauerstraße
Dollfußstraße	Adolf Hitler-Straße
Fischlstraße	Georg Weber-Straße
Südliche Grabengasse	Geyerschütt
Ignaz Seipel-Straße	Griesgasse
Viktringer Gürtel	Schönererstraße
Heiligengeistplatz	Platz der Saarpfalz
Heinrich Heine-Gasse	ich weiß nicht/
	was soll es/bedeuten
Esperantogasse	Dr. Herrmann-Gasse
Heuplatz	Otto Planetta-Platz
Ignaz Seipel-Straße	Palmgasse
Florian Gröger-Straße	Peter Wunderlich-Straße
Mühlgasse	Papiermühlgasse
Kardinalplatz	Stuttgarter Platz
Hauptplatz	Hermann Göring-Platz
Kolpinggasse	Karl Meinhardt-Gasse
Obstplatz	Flensburger Platz
Karl Marx-Straße	Holzweberstraße
Neugasse	Memelgasse
Neuer Platz	das hatten wir schon
Priesterhausgasse	Krefelder Straße
Fürst Starhemberg-Straße	Nibelungen-Straße
Sternallee-Gasse	Heldenplatz
Theaterplatz	Max Seunik-Platz
Viktringer Ring	Hubert Klausener-Ring
12. November-Straße	Leo Schlageter-Straße
Hauptstraße	(ab 1944) Heydrichstraße
Villacher Ring	(ab 1944) Dr. Todt-Ring.

Die Friedensgasse konnte so bleiben, da ihr Name zurückging auf bloße Phantasie und keinen Anlaß sonst.

Aber die Ursulinengasse, an der die Schule stand, hieß nun Langemarckstraße.[15]

Am Freitag, dem 5. August 1938, war in den Vormittagsstunden im Rainerhof in der Kramergasse ein Dachstuhlbrand ausgebrochen, der an Gerümpel reichlich Nahrung fand, Ursache des Feuers unbekannt. »Wer von den Lesern dieser Nachricht oder den Zuschauern selbst hat wohl dabei an die Brandschutzvorkehrungen des Selbstschutzes im zivilen Luftschutz gedacht? Wer hat daran gedacht, daß ähnliches morgen schon bei seinem Dachboden geschehen könnte? Kaum einer! Und doch ist der Gedanke so naheliegend. Da wird immer noch von Volksgenossen genörgelt und gemeckert, Luftschutz wäre Kriegsvorbereitung, Luftschutz wäre nicht so wichtig, usw. Luftschutz ist nicht nur Schutz dann, wenn Fliegerangriffe unsere Stadt bedrohen, sondern hilft jetzt schon, große Werte dem Volksvermögen zu erhalten. Die von Besserwissern vorgebrachten Einwände, daß wir ja noch keine Schutzräume, keine Gasmasken und ähnliche Dinge mehr hätten, sind in keiner Weise stichhältig. Wir wollen uns erst mal gedanklich mit der Idee des Luftschutzes vertraut machen (. . .) Der Brand im Rainerhof war eine Mahnung an alle Volksgenossen.«[13]

Krieg? Kultur!

»Nach der Operette von Franz Grothe ›Ein bißchen Komödie‹ hat die Polski=Tobis unter der Regie von Karl Boese nach dem Drehbuch von P. E. Lüthge einen polnisch=deutschen Gemeinschaftsfilm geschaffen, der jetzt unter dem Titel ›Abenteuer in Warschau‹ im Stadttheater-Tonkino läuft. Die gefeierte polnische Sängerin und Schauspielerin Jadwiga Janowska (Jadwiga Kenda) ist ihrem Theaterdirektor Stanislaus Bilinski, der sich mit seinem Ensemble auf einer Gastspielreise in Südamerika befand, durchgebrannt, hat den Gesandtschaftsrat Henry de Fontana (Paul Klinger) heimlich geheiratet und sich auf die Hochzeitsreise nach Paris begeben. Exzellenz Bernardo de Rossi, Gesandter in Warschau (Georg Alexander), der Vorgesetzte Fontanas und heimliche Verehrer Jadwigas, weiß nichts von dieser Verbindung. Jadwiga muß noch einmal (. . .).«[13]

Krieg? Nicht in Sicht!

Zwar stellten am Donnerstag, dem 1. September 1938, »Die Freien Stimmen«, das »Kärntner Tagblatt« und die »Klagenfurter Zeitung« ihr Erscheinen ein und wurden übergeben an den »Kärntner Grenzruf, Amtliche Tageszeitung der N.S.D.A.P. Kärnten«. Die 1. Nummer im 1. Jahrgang vom gleichen Datum dick mit loyalen Anzeigen gestopft. Da saß zwischen den beiden Worten des Titels nun wieder der Adler auf einem mit Lorbeer oder Eichenlaub umkränzten Hakenkreuz.

Wenn dreien was weggenommen wird, und ein vierter kriegt es, das ist doch nicht Krieg.

Krieg? Kultur!

In der Reihe »Österreichdeutsche Schriften« des Verlages Eugen Diederichs Jena waren 1938 angekündigt oder lieferbar, je Titel zu 90 Pfennig oder 1.67 Schilling (bei Kunstdruckbeigaben zu RM 1.20, S 2.24) die folgenden Hefte:

CARL VON BARDOLFF, Deutschösterreichisches Soldatentum im Weltkrieg

BRUNO BREHM, Wien, Die Grenzstadt im deutschen Osten

HEINRICH VON SRBIK, Die Schicksalsstunde des Alten Reiches

FELIX KRAUS, Der Deutsche im Alpenraum

GERHARD NEUMANN, Saint Germain

KARL GIANNONI, Das Erbe in Denkmal und Landschaft

HANS KLOEPFER, Bergbauern

E. VON GLAISE-HORSTENAU, Conrad von Hötzendorf

KARL BAUER, Die deutsche Turnbewegung

WILHELM DEUTSCH, Aus gesamtdeutscher Vergangenheit

JOSEPH KALLBRUNNER, Österreich im deutschen Südosten

EGBERT MANNLICHER, Österreich im deutschen Rechtsraum

Geeignet für Kinder von 12 Jahren an?

Wie konnte von Krieg die Rede sein, wenn Adolf Hitler so übermütig seinen 50. Geburtstag zum Feiern freigab, so öffentlich? In Klagenfurt war der Vormittag des Festtages, des 20. April 1939, den Veranstaltungen der Wehrmacht vorbehalten. Um 7 Uhr *marschierte* der *Musikzug* des *Gebirgsjägerregiments* 139 mit *klingendem Spiel* durch die Straßen. Um 11 Uhr *marschierten* östlich der Westschule sämtliche *Truppenteile* des *Standortes* Klagenfurt zu einer *großen Parade* auf. Nach der *Ansprache des Standortältesten Abmarsch der Truppenteile* zum Adolf=Hitler=Platz, dort *Vorbeimarsch* am Standortältesten. Haus neben Haus stand in verschwenderischem Girlanden- und *Fahnenschmuck,* der allerdings am späten Mittwochnachmittag hatte abgeschlossen sein müssen. Im Rahmen des Schaufensterwettbewerbs waren der Verwendung der Zahl 50 keine Weisungen entgegengestanden. Die Truppenbesichtigungen, die der Jubilar am 17. April in St. Pölten, Krems, Stockerau und Strebersdorf abgehalten hatte, waren ihm doch wohl als Veranstaltungen der Vorfreude zu gönnen. *Musik! Gesang!* Nörgelnde, mekkernde Volksgenossen.

Diese Kinder! / Sie fiebern, sie erbrechen sich, haben Schüttelfrost, Angina, Keuchhusten, Masern, Scharlach, sie sind in der Krise, sind aufgegeben, sie hängen zwischen Tod und Leben, und eines Tages liegen sie fühllos und morsch da, mit neuen Gedanken über Alles. Man sagt ihnen, daß der Krieg ausgebrochen ist. (d)

Endlich auch gab es die Volksgasmasken, das Stück zu fünf Reichsmark.

Noch einige Winter lang, bis die Bomben sein Eis hochjagen, kann man auf dem Teich unter dem Kreuzberg schlittschuhlaufen. (d)

Auch dem Fremden scheint der neutralisierende Diminutiv für diesen Waldhügel oberhalb des *Laubengangs* kaum angemessen. Immerhin war er einmal der Steinbruch Klagenfurts (Chloritschiefer), hieß Steinbruchkogel, lieferte den Bürgern Schwellen und Laibungen und Brunnenfassungen, im 16. Jahrhundert den unge-

48

heuren Block, aus dem ein »landschaftlicher Bildhauer und Polier« das Wappentier der Stadt herausgehauen hat, den Lindwurm. Aber 1692 wurde auf dem Berg ein großes Kreuz aufgestellt, das änderte den Namen. Aus dem Steinbruch führen lange Stollen ins Innere des Felsens hinein, ausgebohrt im Krieg. Es gab solche Gänge bei St. Martin, auch unter den alten Befestigungsanlagen bei der Heiligengeistkirche, der Heiligengeistschütt, aber der größte, vermutlich sicherste Luftschutzkeller Klagenfurts war der Kreuzberg.[16]

Auf dem Obstplatz stand noch eine Weile das Denkbild von Kaiser Franz Joseph I., meinen Namen sollt ihr nicht ... Der Obstplatz hieß Flensburger Platz, deutscher Norden grüßt deutschen Süden ... Eingesperrt in seine Bronze beobachtete der Monarch die Leute an den Ständen, rührte den traurigen Backenbart mit keinem Haar. Endlich wurde er erkannt als Buntmetall, eingesammelt und eingeschmolzen.[17] Südgau grüßt nordische Geschütze ...

1941 hatten die Nazis die Grenze Kärntens weit hinausgeschoben über die Karawanken, an denen man einst hatte sehen können, wo Süden war und Österreich zu Ende. Das slowenische Gebiet wurde aufgeteilt, der Reichsgau Kärnten bekam neben dem Mießtal drei Oberkrainer Bezirke dazu, nach dem Sturz Mussolinis obendrein das Operationsgebiet »Adriatisches Küstenland«. Slowenische Bürger oder Gemeinden, die der S.S. mißliebig auffielen, wurden festgenommen, ermordet, ausgesiedelt. Josef Friedrich Perkonig, damals Professor an der Klagenfurter Lehrerbildungsanstalt, richtete einen »dringenden und beschwörenden Appell« an den Gauleiter und Reichsstatthalter von Kärnten, Pg.

Rainer. Perkonig, »als ältester Dichter Kärntens«, bat ihn, die Slowenenaussiedlungen rückgängig zu machen und damit einen Zustand wieder einzuführen, »der nun einmal zu den historischen Realitäten in Kärnten zählt und keineswegs jene Gefahr darstellt, die in ihm zu sehen manche geneigt sind«.[18] (J. F. Perkonig, 1890-1959. Denkmal in Ferlach, Ehrengrab auf dem klagenfurter Zentralfriedhof Annabichl.) Schießereien zwischen S.S. und Partisanen in den Bergen.

Die Bundes- und Waffenbrüder drangen auch in die Schule, die Gebäude der Ursulinen ein. Ämter wie der Luftschutzbund, die Sanitätspolizei, eine Waffenmeisterei wurden in das Kloster eingewiesen. Im Festsaal waren enge Kojen aufgestellt, darin regierte das Wirtschafts- und Ernährungsamt[4] mit Anträgen und Bezugscheinen.

Die Kinder kommen noch einmal ins
Staunen: die nächsten Christbäume
fallen wirklich vom Himmel. Feurig.
(d)

Es begann mit 2 Angriffen im Oktober 1943, 4 im November, 3 im Dezember.

Für die nächsten beiden Jahre verzeichnen die Luftschutzakten im Stadthaus Klagenfurt die folgenden Angriffe auf die Gauhauptstadt:

1944
16. Januar	um 11:41 Uhr
31. Januar	um 11:39 Uhr
22. Februar	um 12:10 Uhr
19. März	um 13:31 Uhr

30. Mai	um 09:50 Uhr
16. Oktober	um 12:15 Uhr
25. Oktober	um 10:54 Uhr
28. Oktober	um 14:35 Uhr
3. November	um 13:14 Uhr
25. November	um 3:15 Uhr
3. Dezember	um 10:28 Uhr
7. Dezember	um 4:32 Uhr
8. Dezember	um 4:47 Uhr
19. Dezember	um 15:10 Uhr
20. Dezember	um 11:43 Uhr
27. Dezember	um 12:17 Uhr
	und um 12:44 Uhr

1945

21. Januar	um 13:22 Uhr
14. Februar	um 13:00 Uhr
	und um 13:19 Uhr
15. Februar	um 11:45 Uhr
17. Februar	um 14:02 Uhr
19. Februar	um 12:15 Uhr
22. Februar	um 12:32 Uhr
23. Februar	um 13:44 Uhr
24. Februar	um 12:50 Uhr
25. Februar	um 13:27 Uhr
	und um 23:02 Uhr
28. Februar	um 11:15 Uhr
1. März	um 13:49 Uhr
9. März	um 13:58 Uhr
13. März	um 12:46 Uhr
15. März	um 11:13 Uhr
16. März	um 12:29 Uhr

19. März	um 12:30 Uhr
20. März	um 11:15 Uhr
	und um 13:32 Uhr
	und um 15:07 Uhr
21. März	um 13:58 Uhr
22. März	um 14:28 Uhr
23. März	um 11:36 Uhr
24. März	um 10:58 Uhr
25. März	um 10:59 Uhr
	und um 11:26 Uhr
30. März	um 11:13 Uhr
	und um 11:55 Uhr
2. April	um 13:27 Uhr
7. April	um 15:37 Uhr
8. April	um 11:55 Uhr
	und um 12:21 Uhr
14. April	um 12:10 Uhr
	und um 12:41 Uhr
19. April	um 12:30 Uhr
	und um 12:34 Uhr
21. April	um 12:10 Uhr
	und um 12:29 Uhr
25. April	um 12:08 Uhr
	und um 12:13 Uhr
	und um 12:36 Uhr
	und um 12:57 Uhr
26. April	um 12:34 Uhr
	und um 12:55 Uhr.

Und das Geschenk, das sie dazu nicht erwartet haben, ist für die Kinder mehr freie Zeit. (d)

Die vollständige in Klagenfurt verlorene Zeit, vom Auslösen der Sirenen bis zur Entwarnung, wird angegeben für
1943 mit 10 Stunden und 14 Minuten,
1944 mit 189 Stunden und 39 Minuten,
1945 mit 272 Stunden und einer Minute.
(In der Buchführung des Luftschutzamtes ist eine Spalte für das Jahr 1946 bereits vorbereitet.)

Sie dürfen bei Alarm die Hefte liegen
lassen und in den Bunker gehen. (d)

Da die meisten Angriffe gegen Klagenfurt während des schulischen Unterrichts geflogen wurden, war dies also der Bunker unter den alten Bauteilen des Ursulinenkonvents. So bekamen die Kinder noch einmal ihre Lehrerinnen zurück, von denen sie hatten getrennt werden sollen. Nebenan die Särge, die bei der leisesten Berührung . . .

Später dürfen sie Süßigkeiten für die
Verwundeten sparen oder Socken
stricken und Bastkörbe flechten für
die Soldaten, die auf der Erde, in der
Luft und im Wasser. Und derer ge-
denken in einem Aufsatz, unter der
Erde und auf dem Grund. Und noch
später dürfen sie Laufgräben ausheben zwischen dem Friedhof und dem
Flugfeld, das dem Friedhof schon
Ehre macht. Sie dürfen ihr Latein
vergessen und die Motorengeräu-

53

sche am Himmel unterscheiden ler-
nen. Sie (. . .) unterhalten sich über
Zeitzünder und Tellerbomben. Die
Kinder spielen ›Laßt die Räuber
durchmarschieren‹ in den Ruinen,
aber manchmal hocken sie nur da,
starren vor sich hin und hören nicht
mehr drauf, wenn man sie »Kinder«
ruft. Es gibt genug Scherben für
Himmel und Hölle, aber die Kinder
schlottern, weil sie durchnäßt sind
und frieren. (d)

».. . und wenn am frühen Vormittag der Sprechfunk
meldete, daß sich amerikanische Bomberverbände im
Adriaraum sammelten, dann strömten von allen Seiten
Tausende dem (Kreuzberg) zu, auf Rädern, zu Fuß mit
Kinderwagen. In den letzten Kriegsmonaten meldete
sich der Sprechfunk fast täglich, und täglich zogen die
Pulks der bombenbeladenen Riesenvögel dröhnend
über die Stadt hinweg nach Norden. An warmen Vor-
frühlingstagen hatten die Luftschutzwarte Mühe, die
Leute in den muffigen Bunkern zu halten, alle wollten
am Eingang stehen und, die bergende Höhle hinter sich,
dem schauerlich faszinierenden Schauspiel zusehen.
Am nächsten Tag konnten sie im Wehrmachtsbericht
lesen, welchen Zielen die Angriffe gegolten hatten.
Auch für Klagenfurt selbst fiel noch genug ab dabei.«[19]

In diesen Mauern, zwischen den
Ringstraßen, wieviel Mauern sind da
noch? (d)

Für was immer die Alliierten Klagenfurt ansahen, für einen Abladeplatz nach verfehltem Einsatz oder für eine Gauhauptstadt mit administrativen wie militärischen Anfälligkeiten, sie trafen hier nicht jedes Mal daneben.

Der Besucher erklärt mit unbehilflichem Verhalten, daß er eine Zahl der durch Luftangriffe Getöteten (»Gefallenen«) nicht hat zuverlässig ermitteln können: vielleicht, ungefähr 400.

Die Alliierten schmissen solche Institutionen kaputt wie ein Grenzlandseminar für Kindergärtnerinnen der Nationalsozialistischen Volkswohlfahrt, eine Mannschaftsunterkunft der Geheimen Staatspolizei, eine Wehrmachtskaserne, die Gaufilmstelle des Propagandaministeriums des Großdeutschen Reiches. Aber den Bahnhof machten sie auch hin, am 15. März 1945 zerschlugen sie den Schlachthof mit 28 Treffern. Von den Wohngebieten heißt es, ganze Stadtviertel seien zerstört gewesen.

(Nicht immer waren es Bomben, die auf Klagenfurt fielen. Für den April 1945 wird versichert, es seien Photografien der deutschen Untergrundzeitung »Das Neue Deutschland« abgeworfen worden, und zwar die Südausgabe vom 15. Januar 1945.)

Die Alliierten setzten im Jahr 1944 492 Flugzeuge ein, 1945 dann 514 Maschinen, ob versehentlich oder nach einem Plan. Sie benutzten dabei Sprengbomben von 1000 oder 500 lbs., davon genug mit Langzeitzündern, Splitterbomben von 20 kg, Brandbomben (flüssig) von 30 kg, Stabbrandbomben von 1,7 kg. Für das erste Viertel des Jahres 1945 sind als Abwürfe in Klagenfurt verzeichnet:

73 Sprengbomben	1000 lbs.
42 Sprengbomben	500 lbs.
52 Sprengbomben	250 lbs.
180 Splitterbomben	20 kg
6 Brandbomben	30 kg. Das waren die von
	der flüssigen Art.

Sie nahmen sich weiterhin des öfteren mehr Zeit, als das bloße Abladen erfordert hätte; die Abkürzung BWB für Bordwaffenbeschuß kommt in den Akten nicht selten vor. Die Alliierten hatten in ihrer Moskauer Deklaration vom 30. Oktober 1943 sich geeinigt auf die Wiederherstellung eines unabhängigen österreichischen Staates, aber dieses Österreich sollte es nicht sein, nicht einmal diese Stadt Klagenfurt.

Die Zeit der Andeutungen ist zu Ende. Man spricht vor (den Kindern) von Genickschüssen, vom Hängen, Liquidieren, Sprengen, und was sie nicht hören und sehen, riechen sie, wie sie die Toten von St. Ruprecht riechen, die man nicht ausgraben kann, weil das Kino darübergefallen ist, in das sie heimlich gegangen sind, um die ›Romanze in Moll‹ zu sehen. Jugendliche waren nicht zugelassen, aber dann waren sie es doch, zu dem großen Sterben und Morden ein paar Tage später und alle Tage danach. (d)

Romanze in Moll: Ein Film mit Paul Dahlke.

Die Engländer kamen nicht allein. Mit ihnen kamen die Jugoslawen. »... Slowenenverfolgungen und Slowenenaussiedlungen. Die Kärntner fühlten sich nicht wohl dabei, sie ahnten, daß sie dafür bezahlen würden. Im Mai 1945, als Jugoslawien seine Gebietsforderungen erneuerte, jugoslawische Partisanen neben den Engländern Klagenfurt besetzten und viele Deutschkärntner – durchaus nicht nur politisch Kompromittierte – ermordeten und verschleppten, wurde die Rechnung präsentiert.«[18]

Die Stadt wurde ein wenig aufgeräumt. Nicht nur mußte der Schutt von den Straßen und Plätzen, die Plätze und Ringe und Straßen sollten wieder kenntlich gemacht werden. Der Platz der S.A. wurde der Benediktinerplatz, der Adolf Hitler-Platz wurde der Neue Platz, der Hermann Göring-Platz wurde der Kinoplatz ... die Hindenburgstraße war auf einmal die Hindenbergstraße, und der Palmengasse war nicht anzusehen, daß sie je die Palmgasse geheißen hatte. Schillgasse? Schildgasse! »... auch wurden nicht immer Namen gewählt, die die Erwartungen, die man an einen Straßennamen stellen sollte, erfüllen. Dagegen läßt sich wenig tun, ist doch die Änderung eines Straßennamens eine kostspielige Manipulation, zu der man sich nur selten entschließt.«[15] Und eine Straße wurde eigens für den 8. Mai umbenannt. Was Klagenfurt alles gehabt hatte! Einen Bismarckring, einen Nimrodweg ... Und die Buchengasse führte nicht mehr hinaus zum ausgebombten Gasthaus »Buchenwald«; das würde mal wieder aufgebaut werden als das Espresso Schöfmann. Wieso, übrigens: 8. Mai?

In Wien erschien zwar eine Zeitschrift wie »Der Turm«, in der Namen wie Thomas Wolfe oder Robert Musil vorkamen; »Der Plan« brachte von Ilse Aichinger den »Aufruf zum Mißtrauen«; »Das Silberboot«, Salzburg, berichtete von Franz Kafka, veröffentlichte Hermann Broch; alles schon bis zum Frühjahr 1946.

Der Vogel Wunderbar, lebt er noch?
Er hat geschwiegen sieben Jahr. Sie-
ben Jahr sind um. (d)

Ein deutscher Emigrant, damals als britischer Gefreiter in Kärnten, schrieb am 1. März 1946 etwas nach Hause über den Umgang der Österreicher mit Kafka: »Nebenbei gesagt, die Österreicher sind gerade dabei, Kafka zu entdecken, auf dem Wege über Frankreich und Amerika, und sie werden wahrscheinlich anfangen, ihn ins Deutsche zurückzuübersetzen. Man feiert ihn jetzt nicht als einen Schriftsteller, sondern als einen ›Einfluß‹ (. . .).«[20]

Über den Umgang der Österreicher mit Nazis erwähnt der selbe Engländer, was er um den 10. März 1946 in Klagenfurt gesehen hat: »Gestern nacht hatte ich meinen ersten ernsthaften Ärger mit deutschen Kriegsgefangenen. Sie machten da Tanz, und die deutsche Kapelle spielte das Horst Wessel-Lied, getarnt als eine Melodie zum Tanzen. Ich befahl ihnen, aufzuhören, und verwarnte sie. Darauf antworteten sie, indem sie abstritten, es gespielt zu haben. Ich nannte sie Lügner, und ein erregter Auftritt schloß sich an. Alle die Frauen (Östereicherinnen) waren auf der Seite der Deutschen. So verhielten sich auch einige von unseren Soldaten, deren Grundsatz Friede um jeden Preis heißt. Die Deutschen hier (. . .) haben die Atmosphäre des laissez-faire ausgenutzt, die unterbrochen wird durch (vorgetäuschte) Donnerwetter aus dem Mund des sanftherzigen Wachunteroffiziers. Aber als Einzelne sind sie kriecherische Feiglinge. Wenn du sie so anschreist, wie sie es gewöhnt sind, kannst du sehen, wie sie zusammenschrumpfen. (. . .) Du kannst dir vorstellen, wie froh ich sein werde, von diesem Ort wegzukommen.«[21]

*Und eines Tages stellt den Kindern
niemand mehr ein Zeugnis aus, und
sie können gehen. Sie werden aufge-
fordert, ins Leben zu treten. (d)*

Last, and least, das Abiturium. (Im curriculum vitae zur Dissertation steht unbeirrt: Matura.) Die 8. Klasse wurde 1944 geprüft. Es war die erste Oberklasse, die nicht mehr hatte geteilt werden können, so viel Raum hatten die Nazibehörden der Schule abgezwängt. 28 Mädchen waren es. Es ging nicht zu wie bei Kindern vorher und nachher, mit Einzeltischen, die in feierlichem Abstand in der Festhalle oder der Aula aufgestellt werden, mit vor Rührung strengen Lehrerschritten in den Gängen; diese Klasse schrieb ihre Arbeiten im gewöhnlichen Unterrichtszimmer, dicht neben dicht an den alten Tischen. Im vorigen Jahr hatte es noch Prüfungsergebnisse mit Auszeichnung·gegeben; in diesem Jahr keines. Abitur. Das Recht, wegzugehen.

*Weil ich in jener Zeit, an jenem Ort,
unter Kindern war und wir neuen*

*Platz gemacht haben, gebe ich die
Henselstraße preis, auch den Blick
auf den Kreuzberg, und nehme zu
Zeugen all die Fichten, die Häher
und das Laub. (. . .) überlasse ich
anderen den Weg durch die Durch-
laßstraße und ziehe den Mantelkra-
gen höher, wenn ich sie blicklos
überquere, um hinaus zu den Gräbern zu kommen, ein Durchreisen-
der, dem niemand seine Herkunft
ansieht. (. . .) Im bewegungslosen
Erinnern, vor der Abreise, vor allen
Abreisen, was soll uns aufgehen?
Das Wenigste ist da, um uns einzu-
leuchten, und die Jugend gehört
nicht dazu, auch die Stadt nicht, in
der sie stattgehabt hat. (d)*

Rom

»Frau Bachmann, Sie leben als deutschsprachige Schriftstellerin in Rom, also in einer fremden Sprachumgebung. Hat das für Sie keinen Einfluß auf Ihre literarische Arbeit, daß Sie nicht die Sprache um sich haben und dauernd sprechen, in der Sie schreiben?«[22]

Nein, das hat überhaupt keinen Einfluß auf meine Arbeit, aber es stört mich auch nicht. (…) Dann wird man natürlich sehr oft gefragt, warum denn Italien? Für mich war das keine sentimentale oder romantische Entscheidung; denn ich komme ja von der Grenze, von der italienisch-jugoslawischen; schon für meinen Vater war es selbstverständlich, italienisch zu sprechen, er hat auch gewünscht, daß ich es lerne. (…) Zugegeben, daß die Leute hier auch nicht besser sind als anderswo, aber fünf Minuten auf der Straße und ein kleiner Anflug von Wahnsinn, eine Versuchung, das alles ganz aufzugeben, sind dann doch plötzlich abgewendet. Zugegeben, die Leute sind etwas schöner und sehr freundlich, aber man weiß ja, was dahintersteckt. Weiß man es aber

wirklich? Man weiß doch gar nichts.
Mir genügt es, daß die Leute nicht
unfreundlich sind, sondern freundli-
cher sind.[22]

1954: Piazza de la Quercia 1, Roma VII. Einen Block
entfernt von der Via Giulia.

»Im schlampigen Make up einer Anna Magnani, mit fu-
riosen Gebärden, die sie ihrer großen Landsmännin
nicht zu entlehnen braucht, überschüttet eine junge
schwarze Römerin zwei Carabinieri mit wildem
Wortschwall. Ein Chor kleiner Leute, die das Gratis-
Schauspiel auf dem Frühmorgenwege zur Arbeit genie-
ßen, umsteht den Auftritt, spendet Beifall und feuert
an.

Immer wieder schießt der Arm des Mädchens in die
Richtung des grauen Palazzinos, das sich mit schwer
kreuzvergitterten Fenstern als stiller Aristokrat vom
rotgelben Gewimmel der wirr ineinandergebauten
Häuschen abhebt. Endlich nicken die beiden Vertreter
der römischen Staatsgewalt und setzen sich würdevoll in
Bewegung. Die Menge beobachtet und kommentiert
aus dem Stehparkett.

Die Signorina, die, noch halb im Schlaf, auf das polizei-
liche Sturmläuten im Palazzino öffnet, ist keine Römerin: viel blondes Haar, sanftbraune Augen, still und
scheu in Ausdruck und Rede: Der Lärm? Ja, der sei
mitunter so groß auf der Piazza Quercia, daß man auch
bei fest angezogenen Läden kaum arbeiten könne.
Nein, sagen die Carabinieri, die Signorina verstehe
falsch: nicht um den genußvollen Lärm ihrer Nachbarn
tagsüber auf der Piazza gehe es, sondern um den ent-

setzlichen Radau, den die Signorina nachts mache. Das Mädchen dort drüben könne nicht mehr schlafen – vor Schreibmaschinengeklapper.

Endlich hat die Fremde begriffen. Sie holt eine uralte Koffermaschine herbei: So klein sei der Lärmapparat und sie müsse nachts arbeiten, nur nachts kämen die Gedanken.

Was die Signorina denn nachts arbeite?

Verklärtes Verständnis bei der Polizei, als ein Blatt mit ein paar Zeilen in einer barbarischen Sprache vorgewiesen wird: ›Oh, poeta!‹ Aber beim Rückzug gibt es doch Kopfschütteln: ›So kleine Gedichte und so viel Lärm!‹«[23]

Dann kommen in Rom die Adressen:

Via Vecchiarelli 38
Via Giulia 102
Via G. de Notaris 1 F
Via Bocca di Leone 60.

(...) ein paar Bäume und Sträucher habe ich für die Terrasse gekauft, aber ein Wiener Bierlokal verpestet die Gegend, weil die Abgase auf meine Terrasse anstatt in den Himmel gehen. Und das ist noch das Geringste. Das Ärgste ist, daß ich an der fixen Idee, nach Rom gehen zu wollen, selber schuld habe (...) Und ich habe mich in diese Stadt so verbissen, nicht weil ich sie, was nur halb stimmt, sehr liebe, sondern weil sie mir dreimal genommen worden ist

*auf die unwürdigste Weise, und weil
man von einem Ort nicht loskommt,
in dem man so viel investiert hat. (…)
Glauben Sie mir also nur mit Vorbe-
halt, wenn ich Ihnen noch einmal sagen sollte, wie sehr es mir in Rom gefällt. (b)*

»Haben Sie mir zugeredet? Sie hätten mir zugeredet,
wären Sie nicht verzogen. Verzogen ist kein nettes
Wort, das sagen jeweils die anderen von einem, aber
was sollte ich von Ihrem Umzug sagen?«[24]

*Ich kann Ihnen Rom nicht beschrei-
ben, denn Sie kennen es, obwohl es
das alte nicht ist, sondern für mich
das neue, meine Gasse, meine Wohnung, die machen mir Vergnügen,
d. h. die Wohnung macht immer
noch Arbeit (…). Aber ich bau starr-
köpfig an dieser Wohnung. Hätt ich
früher gelebt, so wäre ich mit Befesti-
gungsarbeiten an einem Castell beschäftigt. Deswegen finde ich den
Ausdruck »casa« richtig, den man
hier auch für ein eigenes Zimmer
verwendet, für mich geht es immer
um die casa. Um la casa, la mia casa,
per la mia casa. (g)*

Vi - a   Boc - ca di Le — o — ne!   Grazie, Maria

64

Ja, ich leb wieder gern, und Rom
war, in fin dei conti, das Richtige.
Warum, das weiß ich nicht, ich bin
bloß so gerne hier, es gefällt mir wie-
der. Was? Das weiß ich nicht. (g)

»Sehr geehrte Damen und Herren:
Bekanntlich beschränkt sich der Grundbesitz Frau
Dr. Bachmanns auf den Central Park von Manhattan,
New York. (Siehe SPIEGEL 25/1958, p. 56 f.) Ihre
Wohnung in Rom hat sie nicht durch Kauf erwerben
müssen, da diese Räume ihr gestellt werden als Entgelt
für ihre Dienste als Oberkommandierende der italieni-
schen Marine. Mit der Bitte um Richtigstellung, (...).«[25]

(...) wollte ich mich aufs Heimkom-
men freuen, aber gefreut habe ich
mich erst nachts in Rom, auf der Sta-
zione Termini, wo gleich der übliche
Ärger mit den Taxis losging, (...).
(h)

»Zweitens. Sie haben so eine Art, zu sagen, ich er-
zählte..., mag sein von einer römischen Sommerwoh-
nung, aber eben Erzählen ist es, worauf Sie mit ausge-
sucht zartem Mißtrauen deuten, und es ist leicht zu finden, daß Sie sämtlichen Vorurteilen gegen ein ›Erzählen‹ die Zügel lassen, in wildem Lauf gegen solche er-
fundenen, nicht wahren, nicht eßbaren, solche erzählten Sachen ... und kratzen sich so vorstellbar am Kopf,
daß ich mich an eine Verteidigung des epischen Gewer-
bes gegen solche Herkömmlichkeiten gar nicht traue.

(…) Fortsetzung zu Punkt zwei. (…) Nicht nur mit den Bewohnern der hinteren Räume des Hotels Condotti, auch mit den anderen Anliegern Ihrer Terrasse sind wir [Familie Johnson] in einem auskömmlichen Benehmen, das schon etwas wirklicher ist als gedacht. Da ist die Frau, die im zweiten Stock ziemlich gegenüber der Tür Ihres Salons wohnt, meist hinter grünen Jalousien. Es ist ausgemacht, daß wir einander nicht bemerken, (…) so wenn die Dame ihre Wäsche rasch aufhängt an ihrem rätselhaften Bambusstock oder nur einmal rasch das Gesicht ins Wetter hängen möchte. Keiner von uns beiden würde zugeben, daß er den oder die Andere gesehen hat, und doch ist es so. Ein Verhältnis in Blicken. (…)

Wenn Sie Ihren Standort, in der Ausgangstür Ihres Salons, noch ein wenig beibehalten mögen, so sehen Sie fast den ganzen Abend lang rechts oben, im dritten Stock, den jungen Mann erscheinen, den wir für einen Schneider halten. Er lehnt sich nie lange hinaus, er sieht nur nach, ob die Leute auf der Terrasse immer noch da sitzen und reden. Manchmal hat er Besuch und führt ihn unter seinem Arm ans Fenster, damit auch er es sieht: zwei Leute bei kleinem Licht inmitten einer Blumenausstellung. Auch mit ihm haben wir ein Verhältnis der gegenseitigen Wahrnehmung, das wir alle miteinander leugnen würden. Wenn Sie sich nun doch einen Augenblick setzen wollen. Sie wenden den Blick ein wenig nach links, ohne ihn sehr zu heben. Sie bemerken auf der Seite der Via della Croce zwei ausländisch zweiteilige Fenster, in denen eine Lampe mit drei Schirmen aus der Petroleumzeit ein Wartesaallicht herstellt. Es sind darunter aber denn doch keine zurückgekehrten Italoamerikaner zu Gange, sondern (…) ›drei alte Weiber immer umeinander herum‹. Bitte denken Sie sich dies in begeistertem Ton gesprochen. (…)

Hoffentlich sitzen Sie bequem. Sie sind ja nur für einen Moment von der Schreibmaschine gekommen, Sie möchten sich nur erholen beim Anblick der wechselnd beleuchteten Fenster, bei den vielfältig kooperierenden Stimmen und Arbeitsgeräuschen. Sie wissen ja wer wo wohnt. Rechts hinten oben über Ihnen, das ist das ganz kleine Kind, das eben wieder aufgewacht ist und mit behaglichem Schreien nach Nahrung verlangt. Es ist nicht das Kind, das mehr in der Mitte über Ihnen beheimatet ist; das erkennen Sie nicht nur an der Stimme, sondern auch mit der Erinnerung an das zu kurze Bein der Mutter, das dies Kind zum Glück nicht hat. Nun kommt die Ausnahme. Die Ausnahme sind die Leute, die auf dem Dach über Ihnen wohnen, die gelegentlich, und sei es kurz vor Mitternacht, ihre Blumen begießen, ohne vorher nachzusehen, ob die nach unten hinüberspringenden Tropfen vielleicht die Beine oder die Druckfahnen von Frau Bachmann treffen werden. Nach dem ersten Mal, als Sie sich davon überzeugen mußten, daß es eben doch kein Gin war, strafen Sie diese Leute ja ohnehin mit Mißachtung und warten auf die Zeiten, wo die eben gar kein Wasser mehr haben werden und Sie im Überfluß Ihre Terrasse kühlen können. Es mag sein, daß Sie nun wieder aufstehen. Denn Sie haben sich vergewissert, daß alle Leute, die rings um Ihre Terrasse leben, im Grunde in Gemeinschaft mit Ihnen an der Sache arbeiten, die sich zusammensetzt aus Kochen und Waschen und Kinderhauen und Kinderstreicheln und Klagen und Singen, und zwar jeder auf das taktvollste für sich, da eine Einschränkung der eigenen Äußerungen schon eine indirekte Kenntnisnahme der Verhältnisse der Anderen bedeuten würde und man in der Nachbarschaft wie in der Untergrundbahn doch besser tut, als hätte man den Anderen nicht bemerkt, damit er es bequemer hat und doch keinen Anlaß findet zu glauben, man sei ihm feind. Jezt stehen Sie wieder in der Tür Ihres Salons, halb zum Hineingehen gewandt. Sie gehen aber noch nicht. Es fehlt Ihnen etwas. Ist es einer von den drei Hunden, die eigentlich um diese Zeit schnell noch einmal die Macht der Liebe anbeten müssen? Die können es nicht sein, denn sie schlafen alle. Aha! Links oben, im obersten Stock, wo die alte Frau bis jetzt einen Eimer Wasser nach dem anderen hochgezogen hat, da ereignet sich das Fehlende. – Domee-nico! Al let-to! ruft die Alte. Ja richtig Domenico. Und Domenico erscheint an seinem Balkongitter und sieht noch einmal rasch hinunter auf die Terrasse, wo das Licht noch brennt, wo er etwas vermissen würde, wären Sie nicht da, wie die rote Lampe verspricht. Dann geht er weg in sein unverhofft wegweichendes Licht, und Sie gehen zurück zu der Schreibmaschine und legen ein für alle Male die Farben des Oleander in einer unausweichlichen Beschreibung fest. Denn zwar waren Sie nicht deswegen auf die Terrasse getreten, es hat sich aber nun als Ergebnis dieser Ruhepause herausgestellt.«[26]

(…) ein Lärm, der einem die Nerven durchscheuert, muß sein wie die fünfhundertsiebzigste Aufführung eines Broadwaystücks, man muß wachend, schlafend, teetrinkend, le-

send, tippend wissen, aha! jetzt
kommt das, jetzt Ugo, jetzt Dome-
nico, jetzt die Nachrichten, jetzt der
Krimi, jetzt Italowestern, jetzt der
Hund von oben rechts, und wenn
man dann plötzlich aufsteht mit ra-
senden Kopfschmerzen und in die
Bar hinunterläuft, dann sind Geräu-
sche wirklich ein voller und nicht
mehr zu leugnender Erfolg, dann
haben sie sich endgültig durchge-
setzt. (i)

»Um keinen, aber auch wirklich keinen Ihrer Klage-
punkte gegen die oben angegebene Adresse [Via Bocca
di Leone 60, Roma] zu versäumen, befassen wir uns
heute mit den Geräuschen, die Sie umgeben, mit dem,
was Sie Lärm nennen.
Wir beziehen uns eingangs auf die bereits erwähnten
Eingeständnisse: die Äußerungen der beiden Kinder,
die Gesänge der drei Hunde, Domenicos Großmutter.
Wir fügen aus freien Stücken hinzu: Das knallende Auf-
tropfen des Wassers aus der frisch aufgehängten Wäsche auf den Blechsimsen. Das Scharren der Töpfe im
Wiener Bierhaus. Die drei hilflos winselnden Telefone
rechts neben, rechts, und ganz links ganz oben über Ihnen. Daß den ganzen Abend in irgend einer Wohnung
das Eßgeschirr abgewaschen wird. Daß bis zu drei Ma-
len am Tag die in der Via della Croce eingeklemmten
Autos in ihrer Angst zu jaulen anfangen. Daß gelegentlich die Funkwagen der Polizei etwas zu eintönige Ge-
räuschsituationen mit einer zierlichen Franse aus Sire-

nengeheul umhäkeln. Das Gurgeln in den frei laufenden Abwässerröhren. Das Rascheln des abonnierten Nachmittagswindes in den sommerstarren Oleanderblättern. Die nächtlichen Diskussionen quer über den Hof hin bezüglich der Temperatur, Marias Abwesenheit, Gianfrancos Blasenleiden und der Güte der Eier vom Land. Die gewalttätigen Verrichtungen der Zimmermädchen im Hotel Condotti. Das Knallen einer Glühbirne, die zu unverhofft und an Stelle der Blumen von den Leuten aus dem obersten Stock begossen wurde. Die abendlich aufatmenden Jalousien. Die Rundfunk- und Fernsehprogramme. Ein verirrter Düsenklipper, auch Kolbenmotorflugzeuge mit einem bunten Reklameschwanz.

Wir brechen hier ab, und erklären uns für sehr befriedigt. Wir nennen das nicht Lärm. Wir nennen das im besten Fall Geräusche, im Eigentlichen aber eine Erlaubnis zum Mitleben, und im übrigen einen Vorhang gegen die übrigen Existenzen von Rom, deren eine wir Ihnen andeuten mit dem Hufgeklapper eines müden Pferdes, das fünf Stunden nach Mitternacht endlich nicht mehr Touristen schleppen muß und nach Hause darf, und sei dies ein löcheriger Baumschatten gegenüber dem Kolosseum.

Wir beschließen unser Gutachten mit der Feststellung, daß keines der von uns aufgezählten Geräusche rund um Ihre Wohnung und Terrasse einen zu niedrigen, oder zu undeutlichen Grad an Information aufweist.«[27]

Die Henselstraße (in Klagenfurt)
von 2 bis 30 hat eine aufgerissene
tiefe Wunde, jeden Tag ging es stetig

mit Preßlufthämmern weiter, und
ehe die Arbeiter anfangen, frühstük-
ken sie ausgiebig vor meinen Fen-
stern, und muntre Reden begleiten
immerzu, denn wir sind ja in Öster-
reich, wo die fröhlichen Scherze und
muntren Reden nicht nur in die
Dichtung, sondern leider auch ins
Leben einfließen. (i)

»und werde (ich) diese Stadt (Klagenfurt) ja ohnehin
nur unter Ihrer sachkundigen Führung aufsuchen, betreten und hinter mir lassen.«[28]

ich bin froh, daß ich wieder im Lö-
wenrachen bin. (i)

Aber dem Geräusch um die Terrasse an der Löwen-
maulstraße wurde doch gekündigt, zu Gunsten der Via
Giulia. Bei einem Besuch am Abend des 21. Februar
1973, drang in die Wohnung in der Via Giulia 66 erheb-
lich weniger Lärm, fast gar keiner.

Unser Freund Giangiacomo befin-
det sich in Klagenfurt, das wird Sie
kaum interessieren, aber mich amü-
siert es sehr, denn es gibt dort nur
mein altes Gymnasium, den Bürger-
meister Ausserwinkler, einen kleinen
Park und das Café Moser. In der
Umgebung römische Ruinen, die
man aber nicht mehr sehen kann. (k)

Mein altes Gymnasium. In Klagenfurt gibt es ein Schul-amt, Gabelsbergerstraße. Es gibt einen Stadtschulrat, einen Landesschulrat. Am Völkermarkter Ring ist das 1. Bundesgymnasium, in der Lerchenfeldstraße das Bundes- und mus. päd. Realgymnasium, viele gibt es und obendrein das Gymnasium am Kreuzberg (l). Ge-rade dies letzte, so bequem es stünde zum *Laubengang* der Henselstraße, es ist erst neuerdings eröffnet, das kann es nicht sein. Welches immer von diesen Telefo-nen Sie anrufen, Sie werden begrüßt in einem Ton, als seien die Personen am anderen Ende der Verbindung geradezu freudig überrascht mit der Aussicht, Ihnen ei-nen Gefallen erweisen zu können, und heftig betrübt, das Begehrte nicht leisten zu können. Die Dame, die sich auskennt mit der Registratur, sie wird erst am Nachmittag da sein. Die Sekretärin, die es wissen müßte, führt gerade Protokoll in einer Konferenz. Mor-gen, gewiß. Schon am Nachmittag, mit Vergnügen. Wenn Sie es auch einmal mit der Schule an der Jer-gitschstraße versuchen wollen? Mit der Schule wo, bitte wie. Mit dem Bundesgymnasium und Realgymnasium und Wirtschaftskundlichen Realgymnasium für Mäd-chen an der Ferdinand Jergitsch-Straße 21 doch. Da Sie nicht reinweg an der Hand dahin geführt werden möch-ten, suchen Sie sich diese Nummer selbst und fragen nach dem Namen. Der Name ist dort bekannt, und Sie sind eingeladen.

Auf das splendide Gebäude an der Ecke Jergitsch-straße/Koschatstraße werden Sie anfangs mit Zuver-sicht zugehen, denn es steht kaum fünfhundert Meter entfernt vom *Laubengang;* ein zumutbarer Schulweg. Betreten werden Sie die Baulichkeit mit Vorbehalten, denn selbst ein architektonisch unbeholfener Blick kann nur für eine Tausendstelsekunde festhalten an einer Einbildung von Neuer Sachlichkeit, vor kurzem renoviert. Im Foyer bemerken Sie einen Laden mit Süßigkeiten und Getränken, so war es in Gymnasien nicht üblich. Hier könnten Sie an der falschen Stelle sein. Hier sind Sie gleichermaßen richtig. Denn im Sekretariat dieser Schule spricht man von »der Inge«. Nur, hier ist sie nicht unterrichtet worden. Es ist die Schule, und sie ist es nicht. Sie könnten die Herren Professoren von damals sprechen, es ist gleich Pause; zuverlässige Erinnerungen sind Ihnen sicher. In Ihrer Verwirrung lassen Sie sich die Festschrift zur Neueröffnung dieses Instituts schenken, und es hilft nicht gerade, daß Sie das Druckwerk bezahlen möchten. Das müßte verbucht werden, das macht Umstände, da schenkt man es besser weg. Sie bedanken sich bei der Sekretärin. Sie läßt sich nichts anmerken. Ihr Wunsch war es, dem Besucher behilflich zu sein, nicht, sich zu verwundern über ihn.

Sie könnten sich verziehen auf der Koschatstraße in Richtung der westlichen Vororte, des Wörthersees oder des Schillerparks, wenn Sie denn das Schaffen dieses »vaterländischen Tondichters« gern im Ohre mittragen. Denn es mag ja sein, daß sein elegisches »Verlassen, verlassen …« als Inbegriff des Kärntner Liedes vielen hat die Augen feucht werden lassen über Jahrzehnte hinweg [32], er hat doch wohl zu unbekümmert musikalische Folklore als eigene Komposition ausgegeben, da hilft ein Ehrengrab in Annabichl nicht viel. Nehmen Sie aber die Jergitschstraße, gelangen Sie auf Platz und Straße Beethovens, zwar nicht zur *Straßenbahn, elektrischrot und großmäulig,* wohl aber zum Bus P. Und

Ferdinand Jergitsch hat immerhin die erste Feuerwehr der ganzen großen k. u. k. Monarchie erfunden, Sohn eines Siebmachers und Gitterstrickers. In der anderen Richtung seiner Straße wird Ihnen obendrein der Jergitschsteg geboten, der 1942 über den Lendkanal als Holzsteg für die Angestellten der N.S.D.A.P.-Dienststellen im Priesterseminar gebaut wurde und den die Stadt Klagenfurt im Juni 1955 verewigt hat als eine Betonbrücke, 28 Meter lang, zwei breit, Kostenpunkt 100,000 Schilling. Ist es eine üble Gewohnheit, im Gehen zu lesen?

Nach und nach erfahren Sie aus der Festschrift, daß die falsche Schule doch auch die richtige geworden sein soll. Unter der englischen Besatzung wurden die deutschen Oberschulen zurückverwandelt in die österreichischen Schultypen. Die Ursulinen hätten ihr Realgymnasium zurückhaben können; sie verzichteten. Sie nahmen das staatliche Institut noch einmal auf, als die Engländer die beschlagnahmten Räume freigegeben hatten, von 1948 bis 1965 war die entfremdete Schule Gast, bis sie in den Neubau übersiedelte. Nunmehr besitzen Sie auch eine Andeutung zum architektonischen Stil. Die Tradition der Ursulinen wird in der Festschrift übernommen, auch die *sieben Jahr:* der gesuchte Name steht in der Liste der Reifeprüfung 1944. (Ist es schlimm, wenn vier Kinder in der Klasse den gleichen Vornamen tragen, und man ist eines von ihnen, und obendrein steht man nach dem Alphabet an erster Stelle?) Nach dem Verzeichnis der zwischen 1945 und 1965 an der Anstalt tätigen Professoren ist nur für eine Oberstudienrätin das Jahr 1932 als Dienstantritt angegeben (D, H), für eine das Jahr 1934 (M, Nl), für fünf Lehrer das Jahr 1938, für einen das Jahr 1939. Nationalsozialistischer Staat und Oberschule. Sie erinnern sich, daß es richtig heißt *mein altes Gymnasium*. Den Konvent der Ursulinen und die von ihnen fortgeführten Lehranstalten finden Sie nach dem berichtigten Verzeichnis der Straßen im Stadtplan von Klagenfurt in der Ursulinengasse.

den Bürgermeister Außerwinkler (k)

»Hans Außerwinkler wurde am 2. Februar 1919 in Stockenbroi geboren, wuchs auf dem väterlichen Bauernhofe auf, besuchte eine Landwirtschaftsschule und legte später die Reifeprüfung ab. Im zweiten Weltkrieg wurde er zum Oberleutnant der Luftwaffe (Fallschirmtruppe) befördert. Nach Kriegsende wurde er auf Grund seiner Fachkenntnisse und seines Organisationstalentes in den öffentlichen Dienst berufen:«[30]
Vom Herbst 1957 bis zum Frühjahr 1973 war Hans Außerwinkler (S.P.Ö.) Bürgermeister der Landeshauptstadt Klagenfurt und residierte im Neuen Rathaus, dem weiland Palais der Orsini-Rosenberg am Neuen Platz. Seitdem bekleidet er neben einer Vielzahl öffentlicher Funktionen die Ämter eines Landtagsabgeordneten und Gemeinderates von Klagenfurt. Es gibt ihn.

einen kleinen Park (k)

Die Auswahl an Parks ist vielfältig in Klagenfurt. Zu den kleineren wäre der nach Schubert benannte zu rechnen. Dicht am *Laubengang,* bloß durch einen Fahrdamm von ihm getrennt, liegt der Maria-Theresia-Park. Oberhalb des *Laubengangs* kauert sich der Kreuzberg, hergerichtet mit Botanischem Garten, Stationen des Kalvarienberges (jetzt Gedächtnisstätte für die »Gefallenen«), Schießstand, Sternwarte, drei malerischen Teichen, und sicherlich geschieht es auch heute noch Kindern, daß *sie auf dem Kreuzberg über dem Haus spazieren gehen müssen, Blumen bestimmend, Vögel bestimmend.* Auswärtigen Besuchern werden im »Naturpark Kreuzbergl« insgesamt 60 Kilometer markierter Wanderwege angeboten, darin ein Fitness-Parcours mit drei Kontrollpunkten (bei der Sternwarte, bei St. Primus und nahe bei St. Martin), deren Passieren beiträgt zum Erwerb der »Gästesport-Medaille der Landeshauptstadt Klagenfurt«. Die Rückseite der Medaille zeigt einen im Flugzustand befindlichen Lindwurm vor einem stilisierten Stadttor und in künstlerischem Latein die Umschrift CHLAGENVVRT + S CIVITATIS. »Erwerben auch Sie unsere Gästesport-Medaille!« *Auf der Wanderkarte für dasKreuzberglgebiet, herausgegeben vom Fremdenverkehrsamt, in Zusammenarbeit mit dem Vermessungsamt der Landeshauptstadt Klagenfurt, Auflage 1968, sind 10 Wege eingetragen. Von diesen Wegen führen drei Wege zum See, der Höhenweg 1 und die Wege 7 und 8. Der Ursprung dieser Geschichte* (»Drei Wege zum See«) *liegt im Topographischen, da der Autor dieser Wanderkarte Glauben schenkte.* (1) Wem der Kreuzberg erscheint als ein weitläufiger Park, der mag sich sein kleines Stück davon abgeschnitten haben.

und das Café Moser (k)

Das Café Moser befindet sich im Hotel Moser-Verdino,

einem ansehnlich anmutenden Gebäude, dessen Balkons mit gußeisernen Blumen umwunden, festlich überdacht und in Teilen mit Neonlicht nachgezeichnet sind. Zwischen Burggasse, Domgasse, Rennplatz und Renngasse umfaßt es einen ganzen Block am Neuen Markt. Das Hotel wird empfohlen vom Automobil-Club der Schweiz, dem ÖsterreichischenAutomobil-, Motorrad- und Touring-Verband, dem Automobilclub von (West-) Deutschland e. V., dem R. A. C.; es empfiehlt sich mit einem Restaurant und allabendlicher Stimmungsmusik im »rustikalen Kärntner Stöckl« (1. Stock); es ist ein Vertragshotel Internationaler Handelsvertreter, Kommissionäre und Vermittler, es ist das Hauptquartier sowohl des Lions' Club als auch des Kärntner Bridge-Club. *Das Café Moser.* Dieses betreten Sie von der Burggasse aus. Es bietet Spannteppich, darauf Tische und Stühle mit Plastik überzogen, an mancher Wand aber Sofas und Stühle mit Stoffpolstern in Lila, mal einfarbig, mal dunkel gestreift, geeignet für längeren Aufenthalt, wenn auch besser in Gesellschaft, obwohl die Bedienerinnen ohne Fehl »eine Zeitschrift?« anbieten. Allerdings geht das Café Moser früh schlafen.

In der Umgebung römische Ruinen,
die man aber nicht mehr sehen kann.
(k)

Die man aber nicht mehr sehen kann.

An der Bahn wartet Frau Bachmann
mit einem sehr großen Kopf

und sie sagt Gutentag
und was sie will
und sie hat es bei der Hand,
Gepäck zu tragen
und sie kauft ein
kilo Eis
und sagt: Doch, doch.
Und: Politik (m)

Der fremde Besucher wird in die jüngere Geschichte
Kärntens eingeführt mit etwa solcher Belehrung: »Sie
wissen, daß wir nach dem ersten Weltkrieg keine Geschichte hatten, sondern den Abwehrkampf.« Wenn Sie
genickt haben, werden Sie nachlesen müssen über die
Versuche des jungen Staates Jugoslawien, aus den
Trümmern des k. u. k. Österreich jene Gebiete zu er-
obern, die ihm nicht nur sprachlich, sondern auch terri-
torial nahelagen. Jugoslawische Truppen beschossen
Klagenfurt mit Artillerie (wobei »Heldentode« gefunden wurden), sie besetzten die Stadt und zwangen die
Landesregierung zur Flucht nach Spittal. Dennoch ver-
suchte der U. S.-amerikanische Präsident Wilson, am
Kärntner Grenzproblem seine Vorstellungen vom
Selbstbestimmungsrecht der Nationen zu verwirklichen
und entsandte einen Oberstleutnant Miles, dessen Gutachten die geographische Eindeutigkeit der Karawan-
kengrenze betonte und die Abtrennung größerer Gebiete von Kärnten ablehnte. Nach internationalen Kon-
ferenzen wurde 1920 unter Aufsicht englischer, französischer und italienischer Diplomaten eine Abstimmung
abgehalten (eben jene, an deren emotionale Wirkungen
beim Einmarsch Hitlers erinnert wird[5]), mit dem Er-

gebnis, im Sinne der amerikanischen Expertise, daß die deutschen wie die slowenischen Kärntner in einem Lande zusammenbleiben wollten. An dieses Plebiszit erinnert die 10. Oktober-Straße. Lediglich kleinere Stücke Südkärntens gingen an Jugoslawien, so das Mießtal. Italien, übrigens, bekam das Kanaltal. Wenn dann auskömmliche Beziehungen zwischen den ethnischen Gruppen entstanden waren, der Beitritt Österreichs zum Deutschen Reich, die Besatzungsherrschaft der Deutschen in Jugoslawien zerstörten sie. Es gibt in Kärnten nahezu fünfzig slowenische Partisanendenkmäler, deren Sprengung manchen Deutschkärntnern Spaß macht. Von einem klagenfurter Schöffengericht können sie dafür Zuchthausstrafen zwischen sechs und fünfzehn Monaten beziehen.[31] Nach der offiziellen Darstellung der Landesregierung ist die slowenische Minorität (ein Viertel der Kärntner) in der schulischen Versorgung, in der Berufswahl, den Verdienstchancen der Majorität ebenbürtig versehen; nicht alle Slowenen scheinen dies zu erleben. Als die Ortstafeln im Grenzgebiet zweisprachig beschriftet wurden, wie im Staatsvertrag zwischen Österreich und Jugoslawien vorgesehen, gab es Aufläufe, Zusammenstöße, Proteste, so eine große Kundgebung im Oktober 1972 auf dem Alten Platz in Klagenfurt.[32]

Am 25. Oktober 1973 in Klagenfurt:

»Das vor einigen Wochen gegründete ›Solidaritätskomitee für die Rechte der Kärntner Slowenen‹, dem verschiedene Organisationen von der äußersten Linken bis zur Katholischen Arbeiterjugend und der Slowenen angehören, nahm den österreichischen Staatsfeiertag zum Anlaß, am Vorabend einen Demonstrationszug durch

die Stadt Klagenfurt und eine Kundgebung auf dem Alten Platz zu veranstalten. Ein sehr starkes Polizeiaufgebot sorgte für die Aufrechterhaltung der Ordnung und verhinderte Zusammenstöße mit Gegendemonstranten. Die Teilnehmer am Demonstrationszug, etwa 1200 Personen, darunter viele Jugendliche, sammelten sich am Bahnhofsvorplatz und trugen Transparente in deutscher und slowenischer Sprache, auf denen die Forderung nach Durchführung der Bestimmungen des Artikels 7 des österreichischen Staatsvertrages erhoben wurde. Als der Demonstrationszug an der Westseite des Alten Platzes angekommen war, riegelte ein Polizeikordon den Platz ab, denn es hatten sich auch einige hundert Gegendemonstranten eingefunden, die ›Heimatverräter‹, ›Kärnten frei und ungeteilt‹ schrieen und das Kärntner Heimatlied sangen. Auch Flugzettel des Heimatdienstes wurden verteilt. Die Kundgebung konnte abgewickelt werden, was anfangs nicht sicher schien.«[33]
»Das Land ist friedlich, die Leute sind freundlich.«[34] Sind aber kärntner Philologen unter sich, veranstalten sie ein launiges Feuilleton über die Eigenschaft »windisch«, die Charakteristik »ein Windischer«, und weisen einander nach, daß hiermit nichts Abträgliches ausgesprochen werde, weder sozial, noch ethnisch, nicht einmal mental, nur eine kleine, scherzhafte Anspielung auf die slowenische Sprachheimat einer Person, vielleicht auf liebenswerte Eigentümlichkeiten einer Gruppe. Nur daß eben die Slowenen die Bezeichnung »windisch« nicht zur Herstellung einer Solidarität oder auch zur gegenseitigen Identifizierung benutzen, daß der Ausdruck von den Deutschkärntnern in eine Richtung geht, aus der er nicht zurückkommt, und daß man so

manchem Eisenbahner nicht auf das herzigste sagen darf, er sei eben ein Windischer. Der Eisenbahner ist ein Beispiel; es gibt ihn.

Rom hat mich wieder. (n)

Aus Rom kommt ein Telegramm: BEERDIGUNG [Giangiacomos] DIENSTAG VOM INSTITUT FEL-TRINELLI AUSGEHEND *(o)*; Äußerungen wie: »In Rom kann man nicht einmal mehr *reden.«(p)*

(Klagenfurt) *mit blassen, genesen-*
den Häusern unter dunklen Ziegel-
schöpfen (. . .). (d)

1973: »Klagenfurt hat eine Aufbauphase hinter sich und steckt zum Teil noch mittendrin, die nur der des 16. Jahrhunderts vergleichbar ist. Wie damals mußte man von einem Tiefpunkt ausgehen. Der Krieg hatte ein Trümmerfeld hinterlassen, in (den) Luftangriffen waren ganze Viertel zerstört und mehr als die Hälfte aller Häuser beschädigt worden. Seither wurde die Stadt einem Erneuerungs- und Erweiterungsprozeß unterzogen, der sie, genau wie vor vierhundert Jahren, zeitweise in eine Kette von Baustellen verwandelte. Allmählich wird nun das künftige Gesicht erkennbar, und es verspricht einiges . . . ›Es macht sich‹, sagen die Klagenfurter.«[35] Tatsächlich wissen inzwischen auch ältere Bürger der Stadt einem Neubau nicht mehr mit Sicherheit nachzusagen, was für ein Haus vor den Bomben an dessen Stelle gestanden habe. Diese Empfindung des Abschieds vom Zerschlagenen, oder einer leicht flim-

mernden Undeutlichkeit, sei wohl gegen 1960 zuerst
aufgetreten.

es gibt dort nur (. . .) (k)

Vielleicht gibt es nicht genug Telefonzellen auf den
Plätzen, an den Straßenecken Klagenfurts. Aber wenn
auch die Postämter über Mittag schließen, die Hauptpost in der Ecke des Benediktinerplatzes tut es nicht, da
können Sie schon für 12 öS. bequem mit Leuten in einem Ausland sprechen, wenn Sie nur anderthalb Fragen haben, oder die Person da draußen bloß drei . . . In
der Hauptpost erblicken Sie die Bildnisplakette von
Emanuel Alexander Herrmann, Doktor der Wissenschaft, der am 26. Januar 1869 die Postkarte erfand, die
Correspondenzkarte, 1870 von den Deutschen mit einem K nachgeahmt, wonach die Postkarte ihren Sieges-
zug . . . und wenn Sie es nicht glauben, schlagen Sie
doch im Brockhaus nach oder prüfen einmal, nach wem
die Gasse an der Hauptpost denn heißt. Klagenfurt hat
seine Buchwoche jedes Jahr, am 16. Oktober fing sie an
dies Mal, es hat seine Woche der Begegnung, da sprach
Reinhard Baumgart 1972 über den »trostlosen Ehrgeiz
der Faktentreue« in der erzählenden Literatur, Klagenfurt hat seit 20. Oktober eine Britische Woche gehabt
im Hotel B. Musil und Sohn, gestern abend ging sie zu
Ende, geboten wurden Ihnen britische Spezialitäten
und zu den Hauptmahlzeiten jener originale Dudel-
sackpfeifer, um den jene echten weiblichen »Scotish
dancers« in unvergesslichen Stellungen Bewegungen
vollführten, und als man ihn fragte nach den Arbeitsbe-
dingungen, sagte er frei heraus: Die Arbeit sei es nicht,

sondern . . . Das war die britische Woche, und Sie hätten ja auch im Hotel Sandwirt wohnen können, Sie erkennen es am Namen, nicht mehr an dem ocker Rillenstuck oder an den grau eingefaßten Fenstern, deren zwei durch ein halb offenes Giebeldach verbunden sind, noch erkennen Sie es an dem leicht vorgesetzten Erker, der in eigener Dachleiste HOTEL SANDWIRT zeigt, Sie brauchen ja nur das rotweiße Neon zu lesen, Prospekte kostenlos, Prospekte auf Anfrage, nix da Freiheitskämpfer, nix da Führerbesuch, simplicamente l'albergo nel centro della città, che vanta una lunga tradizione. Sie wünschen etwas einzukaufen, etwas zum Beweise von Klagenfurt? Sie haben das Kärntner Heimatwerk an der Ecke, die der Alte Platz mit der Herrengasse aufführen, da gibt es Geschnitztes, Gebasteltes, Gewebtes, Genähtes . . . mit Garantie unverfälscht nur hier. Es genügt Ihnen immer noch nicht? Sie begehen die Gustav Mahler-Gasse von der Ehrentaler Straße bis zur Ehrenhausener Straße, im Stadtplan F 11, nicht bloß so, sondern der Komponist verbrachte die Sommer von 1900 bis 1907 am Wörthersee, woselbst seinerseits Johannes Brahms 1878 sich seinen Vollbart wachsen ließ, siehe Brahmsgasse; vergleiche dazu Robert Musil-Straße, so benannt durch Stadtratsbeschluß vom 29. März 1960, im Plan I 13; bemerkenswert auch die Anbringung der Gedenktafel für den Schriftsteller an seinem Geburtshause in der Bahnhofstraße 50, obwohl der spätere Emigrant doch dort nur elf Monate verlebte und dann über den Platz zum Bahnhof getragen wurde, von wo er abreiste aus Klagenfurt, aber gegeben hat es ihn hier. Die Freundlichkeit, mit der die Einwohner Ihre Fragen beantworten nach Klagenfurt, Sie begreifen es nicht; da Sie nicht sich erkundigen möchten nach der ausnehmenden Hübschheit der hiesigen Mädchen, versuchen Sie es mit der Frage nach dem so überaus zivilen Betragen, da haben Sie die Antwort: wir sind hier in Kärnten, wir sind hier nicht in Wien! Und sollten Sie im Kärntner Heimatwerk das Gewünschte nicht gefunden haben, versuchen Sie es mit dem Spezialgeschäft für Kindermoden am Heiligengeistplatz, besser verkauft man es Ihnen auch nicht in Rom. Diese Läden an der Heiligengeistkirche, übrigens, sind neueren Datums; früher war das ganze Gemäuer die Ursulinengasse entlang Konvent und Schulanstalt der Ursulinen. Auch die gibt es, immer noch, in Klagenfurt.

ich weiß nicht, ob Sie schon einmal
ein Erdbeben erlebt haben (p)

Das sollte es in Klagenfurt nicht geben? Bereits im Jahr 1511 kam in die Stadt ein »erschrecklicher Erdbidden, desgleichen niemalen soll gewesen sein«, und die Ursulinen wissen noch von einem anderen in den Nachmittagsstunden des 4. Dezember 1690. Könnte durchaus wieder vorkommen. Ein wenig Wartens . . .

Ligusterstadt, aus der alle Wurzeln
hängen. (d)

Das ist nun doch eine Frage, die ein Bürger von Klagenfurt sich ungern stellen läßt, so im Vorübergehen, von einem Fremden. Aber in ihrer Gutmütigkeit gegen Auswärtige vermuteten fast alle Interviewpartner einen

Hörfehler, als Gemeintes Klagenfurt die Lindwurm-
stadt und erzählten dem Wißbegierigen eine Geschichte
von Nikita Sergejevič Chruščov.
Die Chruščov-Geschichte. Das war 1960, da stand jener Erste Vorsitzende der K.P.d.S.U. und Vorsitzende
des sowjetischen Ministerrats im 66. Lebensjahr, da
schlenderte er mit dem österreichischen Bundeskanzler
und dem kärntner Landeshauptmann in Klagenfurt
über den Neuen Platz zum Lindwurmbrunnen, be-
staunte das Wahrzeichen der Stadt ausführlich, ließ sich
dessen Gesichte erzählen und sprach: »Ungeheuer muß
man töten!« Dabei soll er dem keulenschwingenden
Herkules aufmunternd zugenickt haben. Die Gastgeber
bedauerten sehr, über keinen jagdbaren Lindwurm
mehr zu verfügen, aber Gäste muß man trösten. So
schenkten sie ihm denn ein Ferlacher Jagdgewehr, ori-
ginales Produkt aus dem Bezirk Klagenfurt – »für den
Fall, daß ihm einmal anderswo ein Ungeheuer unter-
kommen sollte«. Es soll dann nicht geholfen haben.
Wer die Geschichte nicht glaubt, wird mit Nachlesen
bestraft.[36] Andere meinen freilich, die *törichten Denkmäler mit einem Blick auf Utopia* auf dem Neuen Platz
in Klagenfurt hätten zum Mitspieler nicht den Herkules, sondern den heiligen Georg. Wer immer es ist, sie
erschlagen beide den Lindwurm nicht.

Ligusterstadt (d)

Liguster. Er steht denn auch nicht so recht im Blickfeld
bei den Gelegenheiten der Umfrage, Ligustrum, die
Rainweide, dieses asiatische Ölbaumgewächs! und
müßte doch auffallen mit seinen ledrigen Blättern, die

um diese Jahreszeit die Farbe Violett aufweisen sollen. Die befragten Klagenfurter räumen ohne Zögern ein, daß die Park- und Landschaftsgärtnerei ihrer Stadt eine Vielfalt von Gesträuchen anbietet, aber dem Liguster wollen sie nicht den Vorzug einräumen. Manche sprechen unbefangen von »Klagenfurt, Kastanienstadt« . . .

(. . .) Jugendorte ausprobieren
(. . .:) am besten sind sie in der Erin-
nerung, auch am brauchbarsten. (c)

Und es gibt in Klagenfurt einen Zentralfriedhof, benannt nach der ehemals selbständigen Gemeinde Annabichl. Gelegen zu Füßen des Maria Saaler Berges, wird er seit dem 5. Oktober 1901 von Klagenfurt benutzt. Die amtliche Einweihung fand statt am 29. April 1906.
Es ist nicht der einzige, bei weitem; Sie haben eine Wahl (immer ausgenommen den aufgelassenen Friedhof der Stadtpfarrkirche):
Es gibt den Friedhof im Stadtteil St. Peter an der Friedensgasse (städtisch). Es gibt den katholischen Friedhof im Stadtteil St. Martin (Bahnverbindung: Klagenfurt Lend, Fahrzeit ab Hauptbahnhof drei Minuten). Es gibt den städtischen Friedhof in Waidmannsdorf (Buslinien S und K). Es gibt den städtischen Friedhof in St. Ruprecht, eben jenen, der voll von zwei Bomben getroffen wurde, unweit jenes Platzes, dessen damaliger Namensgeber seinen Volksgenossen geschworen hatte, er wolle Hermann Meier heißen, wenn auch nur ein einziges feindliches Flugzeug . . .
Neben dem Friedhof von St. Ruprecht, aber von ihm

durch eine Mauer getrennt, finden Sie den Israelitischen Friedhof (städtisch). Auch er wurde damals zerstört. Als die britische Besatzung 1956 abzog, richtete
sie dort nicht nur die Gräber der jüdischen Soldaten des
Ersten Weltkrieges her, sondern alle. Das Land Kärnten und die Stadt Klagenfurt stifteten einen finanziellen
Zuschuß. Es reicht in Klagenfurt nicht mehr zu einer jüdischen Gemeinde; dieser Friedhof wird betreut von
der Israelitischen Kultusgemeinde Graz.
Die Briten hinterließen ihren eigenen, den Englischen
Friedhof, in Waidmannsdorf, Richtung See, an der Li-
lienthalstraße. Er ist durch ein Bundesgesetz gesichert,
gepflegt wird er von den Engländern.
Der Haupt- und Zentralfriedhof Klagenfurts jedoch
liegt in Annabichl und ist seit der Eingemeindung von
1938 Bestandteil der Stadt (des IX. Bezirks). Seine
Grundfläche umfaßt 1973 18 Hektar und 34 Ar; er
kann nach Osten hin auf 30 Hektar erweitert werden.
Die vorläufigen Grenzen sind nicht nur durch Hecken
markiert, sondern auch durch Maschendraht, der die
Füchse, die Hasen, die Rehe von den Pflanzungen fern-
halten soll, Beigesetzt sind hier ungefähr 75,000 Tote.
Kremationen müssen in der Nachbarstadt Villach vorgenommen werden; die Urnen können nach Wunsch in
der Erde oder in den bestehenden Mauern unterge-
bracht werden. Wird ein Grab bezeichnet mit dem Zu-
satz »I. Klasse«, bedeutet dies eine Lage an einem
Hauptweg; die Abschaffung dieser Praxis, die zwar zur
Orientierung dienlich sein kann, steht bevor. »Zwei-
stellig« ist der Name für ein Familiengrab; der erste
Sarg muß in einer Tiefe von 2,40 Metern stehen, wenn
er einen zweiten tragen soll. Der Zentralfriedhof ist of-

fen für Personen allen Glaubens: die Katholiken, die Protestanten, die Altkatholiken, die Mohammedaner wie die Konfessionslosen. So haben zum Beispiel die Mohammedaner unter den 35 Feldern des Friedhofs ihr eigenes,3/VIII östlich, und sie werden mit dem Kopf in Richtung Mekka hingelegt.

Das Recht auf eine Beisetzung in einem Friedhof in Klagenfurt ist beschrieben im Beschluß des Gemeinderats der Landeshauptstadt Klagenfurt vom 9. November 1972, 21.7031/1 16 g, mit dem für alle Benützung der Friedhöfe der Landeshauptstadt allgemeine Vertragsbedingungen festgesetzt werden:

»§ 1.

Die Friedhöfe der Landeshauptstadt Klagenfurt dienen der Beisetzung aller Verstorbenen, die im Zeitpunkt ihres Todes den Wohnsitz oder Aufenthalt in Klagenfurt hatten. Personen, die ein Benützungsrecht an einer Grabstätte besitzen sowie deren Ehegatte, Verwandte, Verschwägerte und andere nahestehende Personen des Benützerberechtigten können auch dann auf einem städtischen Friedhof beerdigt werden, wenn sie zur Zeit ihres Todes den Wohnsitz oder Aufenthalt nicht in Klagenfurt haben. Andere Verstorbene können nach Maßgabe des vorhandenen Platzes auf einem städtischen Friedhof beigesetzt werden.«

Stiftet die Landeshauptstadt Klagenfurt ihren Bürgern ein Ehrengrab, so in der Regel auf dem Zentralfriedhof Annabichl. Beispiele: Thomas Koschat, 1845-1914. Josef Friedrich Perkonig, 1890-1959. Das symbolische Ehrengrab für die Kämpfer um ein freies Österreich, 1938-1945.

Der bauliche Zustand der Leichenhallen in der Südfront der Begräbnisstätte rührt aus dem Jahr 1962. Bis dahin waren das zwei Häuser mit dem Haupttor dazwischen. Den Raum des Haupttors baute der Architekt Huainig zur Verabschiedungshalle um, mit abstrakten Dekorationen, die den interkonfessionellen Prinzipien der Friedhofverwaltung entsprechen. Seit dem die zwei Eingänge zu den Seitenkanten des Gebäudes. Es enthält neben den Kühl-, Geräte-, technischen Räumen noch drei Blumenhallen für die Aufbahrung, die je nach Größe und Ausstattung zu unterschiedlichen Gebühren vermietet werden. Die bloße Anlieferung und stille Beisetzung eines Sarges wird von der Verwaltung wie jeder andere Wunsch der Angehörigen respektiert. »Man soll die Leute mit ihren Wünschen in Ruhe lassen.« Auf dem Dach der Verabschiedungshalle zeigt ein vierarmiges Kreuz ungefähr in die Hauptwindrichtungen.

WAS ICH IN ROM SAH UND HÖRTE (q)

In Rom sind die meisten Begräbnisstätten Bürgern katholischen Glaubens vorbehalten, aber eine für protestantisch Getaufte oder sonstwie Fremde finden Sie dort auch.
Die Gastfreundschaft Roms gegenüber Fremden ließ sich langsam an.
Es war nicht Rom unfreundlich, Rom nur so lange, wie die katholische Kirche glaubte, Rom zu sein.
Aber als der bewaffnete Streit um die wahre Religion einmal zu Ende war und die Unterschiede im Glauben staatsrechtlich festgeschrieben, konnte der Heilige Stuhl kaum noch grundsätzlich verhindern, daß akatho-

lische Besucher aus England, Deutschland und den skandinavischen Ländern gelegentlich am Orte wohnten und starben. Die Entdeckung Roms durch den gebildeten Tourismus im 17. Jahrhundert gebot überdies wirtschaftliche Rücksichten. Mochten sie doch ihr Geld ausgeben in der Stadt und bleiben, bis der Beutel leer war; wenn sie nur keine verbotenen Schriften einschleppten. Ihre Neugier auf die hier heiligen Bräuche vermehrte so mancher Zeremonie sogar den Schmuck. Nur in gleicher Erde mit Katholiken sollten sie nicht liegen, die Häretiker, die mit Verbrechern in einem Atem genannt wurden, »heretici e simili delinquenti« (1638). Sie wurden von ihren Freunden heimlich vergraben, in der Campagna oder an wüst liegenden Stellen näher der Stadt. Zu Beginn des 18. Jahrhunderts wurde dann gelegentlich der Platz an der Pyramide des Heiden Caius Cestius für ein Begräbnis freigegeben, die Gegend am Testaccio, dem Scherbenberg. Jedoch mußte der Tote im Leben eine Person von Stand gewesen sein, am besten ein Engländer, und jedesmal ging es ab nur mit besonderer Bewilligung des Papstes. Beglaubigt ist eine solche Ausnahme innerhalb der Stadtgrenzen erst für das Jahr 1738.

Die Gegend an der heutigen Porta Ostiense (Untergrundbahnstation), damals Porta S. Paolo, wurde seit dem Mittelalter von den Ämtern geführt als »Prati del Popolo Romano«, Gemeindewiese. Der Magistrat veranstaltete hier bis spätestens 1464 die Faschingschauspiele: Wettrennen von Pferden, Eseln und Menschen; Ringelstechen und als glanzvollen Höhepunkt die Jagd auf Ochsen und Schweine mit blutigem Gemetzel. Außerhalb der Festsaison wurde das Gelände als öffentliche Weide genutzt, noch bis ins 19. Jahrhundert. Es war so öde und abgelegen, 1752 wurde das Pulvermagazin, als für den Campo Vaccino zu gefährlich, von dort hierher verlegt, dann konnte es sogar als Übungsplatz für die Artillerie verwendet werden. Wann diese leere Wildnis den Ketzern als Begräbnisplatz zugewiesen wurde, ist undeutlich. Auf den Ansichten und Stadtplänen des 17. und 18. Jahrhunderts ist die Friedhofsbestimmung der Gemeindewiese nicht erkennbar. Die Stadt- und Reisebeschreibungen erwähnen bis weit ins 18. Jahrhundert hinein wohl die Cestiuspyramide und den Testaccio, nicht aber die letzte Ruhestätte der Akatholiken. Als solche könnte sie kaum eher als 1740 zugelassen worden sein, und wiederum als solche nicht, denn die Fläche war nicht eingezäunt, entbehrte aller Pflege, konnte von jedermann zu jedem Zweck zu jeder Stunde betreten werden und diente als Viehweide wie zuvor. Ein Reisender berichtet aus dem Jahr 1758, daß dort die Ketzer »als an einem unheiligen Ort« bestattet würden. Desgleichen waren Symbole auswärtiger Religionen verboten, Kreuze zum Beispiel; zugelassen waren Steinplatten oder Denkmäler in antiker Form. Von diesen Denkmälern ist das älteste mit 1765 datiert; es gilt einem königlich britischen Hofrat. Piranesis Kupferstich der Pyramide von 1750 zeigt noch nichts dessen gleichen. Wenn die päpstliche Regierung Ketzerbestattungen erlaubte, blieben ihre Vorschriften strikt: der Sarg mußte des Nachts zur Cestiuspyramide überführt werden, und zwar auf einem gewöhnlichen Mietwagen. Der Transport wurde von einem Polizeiaufgebot begleitet, denn die treusten Kinder Seiner jeweiligen Heiligkeit waren nicht unwillens, solche toten heretici lieber gleich in den Tiber zu werfen. (1819 wurden Soldaten zum Schutz solcher Beisetzungen abkommandiert.) Erst nach der Ankunft bei der Pyramide durfte in dem unwegsamen, verstrüppten Gelände das Grab ausgehoben werden, wegen der Dunkelheit und der Baumschatten bei Fackelschein eine peinliche Arbeit. Die Beteiligung eines Geistlichen von der Konkurrenz war undenkbar; Landsleute des Toten deuteten die pastoralen Funktionen an, später auch schon der preußische Geschäftsträger.[37, 38]

Im Jahre 1787 wohnte J. W. Goethe einem solchen Begängnis bei. Der Flüchtling aus Weimar sah den verwahrlosten Zustand des Platzes, die Schafe und Ziegen auf den Gräbern, die mutwilligen Zerstörungen an den Denkmälern; dort aber wünschte er begraben zu werden. Ein nicht ausgeführter Plan.

> Dulde mich, Jupiter, hier, und Hermes führe mich später,
> Cestius' Mal vorbei, leise zum Orkus hinab.[39]

> Vor einigen Abenden, da ich traurige Gedanken hatte, zeichnete ich mein Grab bei der Pyramide des Cestius.[40]

Der preußische Gesandte Wilhelm von Humboldt erlangte für die Gräber seiner beiden eigenen Söhne die Erlaubnis, sie einzufrieden; die Anlage als Ganzes blieb ungeschützt. Die römische Regierung wandte gegen eine Mauer um die verstorbenen Ketzer unter anderem ein, es werde dadurch der Zugang zur Pyramide des alten Heiden Caius Cestius erschwert, auch archäologische Gründe. Dennoch büßte der »luogo dove si sepelliscono i protestanti« an Beliebtheit kaum ein. Here lies One Whose Name was writ in Water. Goethe filius patri antevertens. Allein von deutschen Gästen der Stadt sind zwischen 1787 und 1878 48 Maler und Bildhauer dort bestattet worden (die Zahl ist nicht vollständig); von vielen ist der Wunsch bezeugt. August Graf von Platen-Hallersmünde (1796-1835) besang die Pyramide des Cestius in mehreren Versen:

Ja, es kühlt dein Schatten, o Bau des Cestius,
    Nordische Gräber!

Möchten hier einst meine Gebeine friedlich
Ausgestreckt ruhn, ferne der kalten Heimat,
Wo zu Reif einfriert an der Lippe jeder
    Glühende Seufzer![41]

Da er aber 1835 aus Florenz vor der Cholera floh und sich in Rom nicht sicher genug glaubte, kam er noch bis Sizilien, um dort zu sterben. Wenn auch nicht am gewünschten Ort, so doch im vorgezogenen Land hat er seine Gebeine hinterlassen: im Garten der Villa Landolina von Siracusa (antikes Stadtgebiet). »Der Dichter-Graf August von Platen, der selber den Tod im Süden fand, hat die unheimliche Sehnsucht zum Marmorgrab unter Zypressen in die todestrunkenen Verse gebracht: ›Wer die Schönheit angeschaut mit Augen/ ist dem Tode schon anheimgegeben.‹ Ingeborg Bachmann zählt diese Zeilen zu den von ihr favorisierten.«[23] »Rom, seit Jahrhunderten ein Schmelztiegel von Zeichen, Symbolen und Sprachen; ein Ort, an dem die ausländischen

Autoren etwas ihnen Gemeinsames zu finden hofften, und an dem sie ebenso viel Miseren wie Glück fanden.«[22]

Es war dann eine Debatte im englischen Oberhaus, die dem Fremdenfriedhof in Rom zum Rang einer Institution verhalf. In London ging es um die Zulassung der katholischen Peers in die Erste Kammer. Ein Redner, der bei dieser Gelegenheit ausdrücklich die Unduldsamkeit der Kurie in der Angelegenheit des Friedhofs rügte, leitete den diplomatischen Kompromiß ein. Ein Monsignore Capaccini hatte gute Beziehungen zur preußischen Gesandtschaft. 1819 durfte ein evangelischer Geistlicher als Gesandtschaftsprediger nach Rom berufen werden, zum Nutzen nicht nur des fremden Rituals, auch des Status, den der Friedhof genoß. Der alte Teil der Anlage wurde geschlossen, ein angrenzendes Stück Land längs der Stadtmauer ausdrücklich für künftige Begräbnisse freigegeben, 1822 eingeweiht. Im Jahre 1824 ertrug Papst Leo XII. die wiederholten Vorstellungen protestantischer Diplomaten nicht mehr und erteilte die Genehmigung, einen »ausgemauerten Graben als Brustwehr ziehen zu lassen«. Einen Teil der Unkosten übernahm die apostolische Kammer, der Rest wurde bezahlt aus privaten Schenkungen und den Zuwendungen des englischen und des russischen Staates. Zwar waren die akatholischen Symbole noch 1870 nicht erwünscht, selbst das Anpflanzen von Bäumen und Sträuchern wurde unterbunden; gegen Ende des 19. Jahrhunderts jedoch durfte eine Kapelle für häretische Abschiedsfeiern gegenüber dem Testaccio errichtet werden, und heute ist der Cimitero Protestante eine gärtnerisch behandelte, wenn etwas karge Anlage, auch steht das Beschädigen der Grabdenkmäler unter Strafe. Beim Pförtner des Friedhofs können Sie auf Wunsch ein Verzeichnis derer einsehen, die dort liegen.[37,38] Wenn Sie also in Rom wohnen und von den übrigen Bewohnern unterschieden sind durch Formalien bei der Taufe – hier haben Sie einen Friedhof, da können Sie sich begraben lassen, falls jemand behaupten sollte, Sie seien tot.

In Rom habe ich in der Früh vom Protestantischen Friedhof zum Testaccio hinübergesehen und meinen Kummer dazugeworfen. Wer sich bemüht, die Erde aufzukratzen, findet den der anderen darunter. Für den Friedhof, der an der Aurelianischen Mauer Schatten sucht, sind die Scherben auf dem Testaccio nicht gezählt, aber gering. Er hält sich eine große Wolke wie eine Muschel ans Ohr und hört nur mehr einen Ton. (q)

Donnerstag, 1. November 1973

Bitte, lesen Sie nur die Stampa, La
Stampa aus Turin, denn ich habe
herausgefunden: es ist die einzige
Zeitung (obwohl sie eine alte Tante
ist, nicht?), die objektiv, also so leid-
lich objektiv ist (...) (p)

In Klagenfurt erscheint die Kärntner Tageszeitung. Sie
ist jetzt im 28. Jahrgang. Eigentümer, Verleger, Her-
ausgeber und Druck: Kärntner Druck- und Verlagsge-
sellschaft m. b. H. im Pressehaus, Viktringer Ring 28.
Am Montag erscheint sie als Kärntner Montag / Kleine
Zeitung zum Preise von 2 Schilling; heute kostet sie
zweieinhalb.
Am Dienstag warb sie für Brockhaus (wo Sie nachschla-
gen können) und setzte hinzu
KTZ
Leser
wissen mehr.
Zum Beispiel: Sie »kam meist nur zu kurzen Besuchen
nach Klagenfurt, wo sie geboren worden war und Kindheit und Jugend verbracht hatte. (...) Oft schien sie wie
abwesend, wich Kontakten wohl auch aus«.[42]
Gestern hat sie Ihnen in einer ihrer fünf Spalten mitge-
teilt, daß der Klagenfurter S.P.Ö.-Bezirksobmann,
Hans Außerwinkler, heute in St. Ruprecht einen Kranz
niederlegen wird.
Heute kommt sie Ihnen mit 16 Seiten, und es ist alles

da: Moskaus SAM-6-Raketen in amerikanischer Hand, im Vorjahr 24,000 Kirchenaustritte, Brandt geht demnächst nicht nach Moskau, slowenische Tageszeitung beschuldigt Kärntner Heimatdienst fortgesetzter Offensive gegen die Slowenen in Kärnten, Flucht aus Gefängnis per Hubschrauber,

eine Schreckensmeldung: Der Fremdenverkehr war auch im September rückläufig, Rückgang der Gesamtübernachtungen um 214, 821 oder 13,8 %,

das Wetter: Vereinzelt Frühnebelfelder, sonst allgemein heiter, Tageshöchsttemperaturen zwischen 9 und 13 Grad,

zu Ehren des Allerheiligentages eine Instruktion in der Produktionstechnik von Kerzen in Wort und Bild,

vermutlich aus gleichem Anlaß einen Artikel zum zwanzigjährigen Jubiläum des Krematoriums in Villach, vierzig Kilometer von hier. Oder aus welchem Anlaß?

»Die Planungen für die Errichtung einer Feuerhalle in Villach reichten bis in das Jahr 1932 zurück. Schon damals bestand die Absicht, auf dem im Osten der Stadt gelegenen Friedhof eine Aufbahrungshalle zu bauen und in einfacher Form auch eine Feuerhalle anzugliedern.

Nach Ende des Zweiten Weltkrieges wurde die Absicht erneut aufgegriffen und das Areal unmittelbar neben dem neu angelegten Waldfriedhof von St. Martin, inmitten eines Bestandes von hohen Föhren, ausersehen. Der Bau wurde im Sommer 1952 begonnen. Die Entwürfe stammten von Professor Arch. Dipl.-Ing. Erich Boltenstern (Wien), die Lebens- und Bestattungsversicherung »Wiener Verein« erteilte ein Darlehen. Die

Friedhofshalle, wie man sie heute sieht, dient ebenso für Verabschiedungen bei Erdbegräbnissen wie auch für solche bei Verbrennungen; ein Katafalkraum für die Aufbahrung ist räumlich durch eine lautlos gleitende Doppeltüre von der eigentlichen Halle, in der sich die Hinterbliebenen befinden, getrennt. Der betriebliche Teil ist so ausgestattet, daß ein Mann allein alle nötigen Vorrichtungen durchführen kann.

Nur wenig Leute können sich von der Einäscherung eines Verstorbenen eine Vorstellung machen.

Der Verbrennungsofen im Krematorium von Villach ist ein Erzeugnis der Schweizer Brown-Boveri-Werke, die sich auf den Bau solcher Anlagen spezialisiert hat. Man hätte diesen Ofen auch mit Gas oder Koks heizen können, entschied sich jedoch für Nachtstrom-Elektrobetrieb, und zwar aus hygienischen Gründen. Durch Knopfdruck wird die Anlage in Betrieb gesetzt. Mehrere Stunden benötigt die Anlage, um die erforderliche hohe Temperatur zu erreichen. Zeigt die Skala 800 Grad an, wird der Sarg mit dem Verstorbenen auf einer Laufschiene in das Innere des Ofens befördert und die Hitze dann auf 1000 Grad erhöht. Der Verbrennungsvorgang benötigt bis zu zweieinhalb Stunden, ehe Toter und Sarg in Asche zerfallen. Jeder Leiche wird ein kleiner Schamotteziegel mit Nummer beigegeben, der sich unverbrannt wiederfindet, so daß jedwede Verwechslung ausgeschaltet ist.

Willibald Knabl arbeitet hier seit 1960 mit der seiner Tätigkeit angemessenen Pietät. Im Kellerraum werden die Ascherückstände in einem Gefäß aufgefangen und in einer provisorischen Urne aufbewahrt.

Der stellvertretende Leiter des Villacher städtischen

Bestattungsamtes, Heinz Kos, blätterte in der Statistik: Gab es in den Restmonaten des Jahres 1953, also nach der Inbetriebnahme des Krematoriums, erst sechs Einäscherungen, so stieg diese Zahl bis 1963 auf 175 pro Jahr an und beträgt nunmehr jährlich rund 350. Allein für die Lebens- und Bestattungsgesellschaft »Wiener Verein« wurden in der Feuerhalle Villach bisher 4037 Einäscherungen vorgenommen. Hiervon bleiben rund 60 Prozent der Urnen zur Beisetzung im Raum Villach, die restlichen 40 Prozent verteilen sich auf Kärnten und das Gebiet um Laibach, für welches man seit ungefähr zweieinhalb Jahren gleichfalls Feuerbestattungen vornimmt.

Die heutzutage für Tausende Menschen durchaus verständliche Art der Bestattung, nämlich der Urnenbeisetzung, der eine Verbrennung des Verstorbenen vorausgeht, war vor 100 Jahren noch keineswegs denkbar. Starken Widerhall und abfällige Kritiken ergaben sich nach der Weltausstellung im Jahre 1873, als Friedrich Siemens in Wien seinen Verbrennungsofen vorführte, bei dem die Leichen nicht auf offenem Feuer – wie bei manchen Völkern anderer Erdteile – sondern bei Gluthitze verbrannt werden. Dennoch wurde 1876 in Mailand der erste und zwei Jahre darauf in Gotha der zweite Leichenverbrennungsofen Europas gebaut. Ein 1880 in Turin durchgeführter internationaler Ärztekongreß beschäftigte sich eingehend mit dem Problem der Feuerbestattung, und der Wiener Oskar Siede gründete 1885 den Verein »Die Flamme« und sammelte Anhänger aus allen Schichten der Bevölkerung für diese neue Bestattungsform. Vor allem in den Reihen der Arbeiterschaft hatte man viele Mitglieder werben können. Das Kaiserhaus sprach sich jedoch ebenso gegen Feuerbestattungen aus, wie die römisch-katholische Kirche.

Nach Gründung der Ersten Republik gab die Gemeinde Wien dem starken Drängen nach und ließ gegenüber dem Zentralfriedhof eine nach Plänen von Prof. Clemens Holzmeister entworfene Feuerhalle errichten, die im Dezember 1922 ihrer Bestimmung übergeben wurde. Aber selbst nach den ersten Einäscherungen gab es noch eine harte Auseinandersetzung mit der Staatsgewalt, die jedoch durch den Verwaltungsgerichtshof im Sinne der Gemeinde Wien entschieden wurde. Am 5. Juli 1963 erging vom Vatikan aus die Weisung an die Bischöfe in aller Welt, daß auch die Kirche den gläubigen Katholiken die Feuerbestattung erlaube.

Zurzeit stehen in Österreich sieben Krematorien. Bis zum Jahre 1962 gab es in Wien und den Bundesländern 159.925 Feuerbestattungen.

Die folgenden Jahre bis 1972 wiesen die Zahl von 234.422 Urnenbeisetzungen auf. Eine Zahl, die sich in naher Zukunft noch erhöhen wird, da sich im Hinblick auf das Anwachsen der Bevölkerung und die Abnahme von Grund und Boden für Bestattungen als einzige Möglichkeit die Einäscherung und Urnenbeisetzung anbietet.   Hilde Egger«[43]

Die Italiener haben – man sagt immer, die Deutschen hätten eine Präzision – aber die haben eine Präzision in der Mitteilung, die macht Sie halb wahnsinnig: wenn Sie sechs Seiten lesen, wissen Sie überhaupt nicht

mehr aus und ein, was haben Sie jetzt
überhaupt gelesen, vor lauter De-
tails, nicht? (...) Bitte, lesen Sie nur
die Stampa, La Stampa aus Turin
(...) (p)

Wenn es wenigstens das Krematorium von Klagenfurt
gewesen wäre, wo es keines gibt. Wer überhaupt hat
von Kremieren gesprochen? Wie gut diese Mitteilungen
gemeint sein mögen, es sind nicht die richtigen.
Sie geht das nicht an, Sie reisen ab, Sie frühstücken neben gepackten Koffern, Sie bitten um die Rechnung, einen Beweis dafür, daß Sie hier waren. Daß Sie abgereist
sind.
Sie wissen nun, was es heißt, wenn der Flugplatz beschrieben ist als *neben* den Friedhof gelegt, dann ist der
eine neben dem anderen im wörtlichen Sinne, ein paar
Schritte weiter; Sie brauchen nicht den Bus abzuwarten,
der Anschluß zum Flugplatz hätte, der A nach Annabichl genügt allemal, jetzt steht einer vor dem Bahnhof
wie wartend.
Der Bus riecht anders als gestern morgen. Spätestens
am Heiligengeistplatz merken Sie, warum: hier steigen
fast nur solche Passagiere ein, die tannene Kränze, Gebinde, Sträuße über der Schulter, um den Hals, um den
Bauch, unterm Arm, in der Hand halten, seit dem Mor-
gen hat der Wagen Nadelduft aufgenommen und nach
Annabichl befördert. Wer davon nichts dabei hat, fühlt
sich gleich angesehen. Das Wetter ist nicht wie in der
Zeitung, sondern neblig bis ins Mark, undeutlich rutscht
die Front der Ursulinen vorbei, kein Leuchten auf dem
Theaterplatz, irgend wo oben fliegt der Turm von

St. Egyd, dies muß der Heuplatz sein, schon beginnt die St. Veiter Straße, die ist bloß zum Abwarten da. Wer jetzt aufstünde und einer älteren Dame seinen Sitzplatz anböte, beginge eine grobe Unhöflichkeit, da er alle anderen zu Bewegungen zwänge in einem Raum, der sie nicht mehr zulassen kann. Sie können voraussehen, wie solche Menge sich abbilden wird im Café Blumenstöckl; viel Erholung wird da nicht sein.

Denn Sie haben Zeit, heute tritt der Winterflugplan der Austrian Airlines in Kraft, die Maschine soll den Platz Wörthersee nicht um 12:35 sondern um 13:30 verlassen; nun werden Sie einmal besichtigen, wie die Klagenfurter Allerseelen begehen.

Das ist mehr als ein Totenfest, was sich zu beiden Seiten des Bahnübergangs Annabichl begibt, eine Messe ist es, ein Markt! Immer wird die langsam ruckende Menge Menschen angehalten von Ausrufungen, Schaustellungen, günstigen Angeboten: verkauft wird das obligate Zubehör: die Öllämpchen in der billigen wie der teuren Ausführung, Kerzen in Dosen, im Glas, in gefälteltem Metall, rote mit Ständern, gelbe Windlichte, weiße Nacht- oder Grablichte, Kränze überall, noch mehr Gebinde (mit Ständer) und Blumen, Blumen aus Eimern, aus Kübeln, in Töpfen, aus dem Karton, in Samentüten. Der Eindruck des Vergnügens mag sich der bunten Werbung auf den Schirmen über den Ständen verdanken, da drängen sich die Leute um die Würste, die Maroni, das Backwerk allerlei. Die Kinder bestellen bei ihren Begleitpersonen Gummi zum Kauen; es soll jeweils eine bestimmte Marke sein.

Mitten in die Gehströme, in den Weg zur Friedhofsgärtnerei und bei den Leichenhallen, haben dunkel gekleidete Herren sich hingestellt mit schwarzen Kästen. Spendet für das Österreichische Schwarze Kreuz! Sie sehen dem Spender, wenn denn einer sich anhalten läßt wegen der Kriegsgräberfürsorge, deutlich in die Augen und danken ihm vernehmlich.

Der Hauptweg der Bestattungsanlage ist dicht begangen, auch die Nebenwege belebt. Viele Kerzen brennen zum Andenken der Kämpfer für ein Freies Österreich 1938-1945, viele Kerzen brennen auf dem Blechtrog unterhalb des Gekreuzigten. Manche Kinder haben nicht Schnupfen und putzen sich die Nase. Offenbar tragen nur die Angehörigen neuerer Trauerfälle Schwarz. Sie könnten meinen, an diesem Tage, in dieser Versammlung, fehle nicht viel von der Bevölkerung Klagenfurts; die wandernden Familien lassen denken an festliche, aber würdige, Promenade; es kommt zu Begegnungen, Gesprächsrunden, Verabredungen. Leute, die einander sonst nicht treffen. Eine Frau, in ihrer Überraschung bei unverhofftem Wiedersehen, platzt heraus mit der Definition: Treffpunkt Friedhof!

Das Grab Nummer 16 in der Reihe 3 in der Klasse I im Feld XXV hat Besuch gehabt. Am Kopfende des Hügels lehnt ein kleiner, aus vielerlei Blumen, auch solchen mit Kirschen, geflochtener Kranz, mit eigroßen Steinen umlegt.

Im Café Blumenstöckl bestellen Sie einen Espresso und/oder Campari, denn Sie haben dort in der Küche Ihr Gepäck ablegen dürfen und werden sich doch erkenntlich zeigen. Auch geben Sie ein Trinkgeld, denn Austrian Airlines haben Sie unterrichtet über Tipping: »This is usual in Austria. If service has been satisfactory, the tip should be about 10 % of the bill.«[44] Was war an der Bedienung auszusetzen?

Die paar Schritte zum Flughafen merken Sie kaum. Nur noch ein Stratege könnte vermuten, wo hier Kinder einmal *Laufgräben ausheben* mußten.

Um 11:15 fährt auf der Straße in Richtung Flugplatz ein graues Auto mit dem Kennzeichen ROMA, es steht dann aber vor dem Gebäude nicht geparkt. Wenn die noch heute mit dem Auto bis Rom kommen wollen . . .

Auch im Restaurant des Flughafens, erster Stock, bemerken Sie einen bestürzenden Rückgang des kärntnerischen Fremdenverkehrs. Dabei wäre dem Kellner zu glauben, er habe nur auf Sie gewartet, um gerade Ihre Wünsche zu hören.

Zwischen dem Flughafen und der Stadt sind noch unbebaute Flächen übrig. Felder, *Herbststickereien*. Das Licht ist nicht so heiter wie versprochen, aber es reicht, den Turm der Stadtpfarrkirche kann man in ihm sehen. Nur die Uhr, die Uhr – das ist ganz unmöglich.

Es ist schon Eins, aber die Maschine aus Frankfurt ist nicht einmal zu hören. Im Foyer vor den Schaltern trägt ein Chauffeur seinem Brotherrn immerfort die Reisetaschen nach, weil der hingeht und hergeht, unruhig wegen der Verspätung. Dem Herrn ist solch Diensteifer genierlich, so vor den Leuten.

Im Duty Free Shop liegt ein Prospekt aus eigens für Klagenfurt-Wörthersee. Cigarettes, American? Cigarettes, Austrian? Cigarettes, Dutch? Whisky, Brandy, liqueurs, shave lotions, perfumes? Der Duty Free Shop ist geschlossen. Um 13:18 Uhr rollt Flug 425 vor dem Gebäude aus. On the apron. Das soll Flug 426 werden.

Sie können »so« durchgehen. Sie werden mit allem

Handgepäck zurückgebeten. Der Inhalt wird ein wenig betastet, den Paß jedoch verlangt der Beamte nicht zu sehen. Wer nun will beweisen, daß Sie hier abgeflogen sind?

Die D.C. 9, nunmehr Flug 426, hebt um 13:57 von Kärnten ab. »Tirol« heißt die Maschine. You are flying with the Official Airline of the Vienna Horticultural Exhibition 1974. Sie dürfen wählen zwischen der Kärntner Tageszeitung von heute und dem römischen Daily American von gestern. Kein Suchblick nach den Karawanken, nach dem See? Gestern haben sie in Rom auf die Titelseite des Daily American ein Foto mit Henry Kissinger gesetzt. Talks all the day, Henry does.

Aufsetzen in Salzburg: 14:08 Uhr. Hier sind sie streng mit der Abfertigung. (Ist Ihr Gepäck durchgesehen worden in Klagenfurt? – Ja. Genau!) Wenn Sie hier etwas Zollfreies kaufen wollten, der Laden ist offen. Invalid's Port? Aber sie haben nicht die Stampa von Turin.

Über dem herdenreichen Bayern erfahren Sie von Associated Press, daß die italienische Regierung gestern eine Steueramnestie verkündet hat: man muß nicht alles zahlen von der Differenz zwischen den eigenen Angaben und dem, was das Finanzamt so schätzt, sondern die Hälfte. Aufhebung des Zölibats in Österreich gefordert! Wie immer es stehen mag um den Kärntner Fremdenverkehr, im Bundesdurchschnitt sieht es womöglich besser aus: hier hat eben jemand schwedisch gesprochen. Die Saaltöchter der Luft, die ihre Ansagen bis Salzburg nur deutsch/englisch gegeben haben, tun bis Frankfurt eine französische Fassung hinzu. Die D. C. 9 ist jenes Fluggerät, in dem die Aschenbecher oben links sind. Landung auf dem Rhein-Main-Flughafen bei Frankfurt 15:18. Da Sie ja nicht drängeln, sind Sie um 15:25 durch die Kontrollen der Polizei und des Zolls.

Anschluß nach Rom? Das wird nicht mehr leicht halten zu dieser Tageszeit. Sie könnten einen Besuch machen in Frankfurt, oder zwei. Sie könnten weiterfliegen nach Amsterdam, Westberlin, Helsinki . . . Sie können sich rasch entschließen und Lufthansa 286 nach Turin nehmen. Die Maschine geht ab um 16:25, das schaffen Sie.

ich werde fleißig sein, gewissenhaft
und sparsam sein. Nur grade heute
nicht. (r)

Nur grade heute nicht.

a) Brief vom 18. Mai 1970
b) Brief vom 24. Januar 1966
c) Brief vom 25. Juli 1970
d) *Jugend in einer österreichischen Stadt.* In: *Das dreißigste Jahr.* Erzählungen. München 1961.
e) Österreichische Verhaltensforschung; volkstümlich.
f) In einem Interview mit Gerda Bödefeld. In: *Brigitte* 27/1971, p. 62
g) Brief vom Sommer 1966
h) Brief vom 3. Februar 1970
i) Brief vom 6. August 1970
j) Brief vom 14. Januar 1971
k) Brief vom 6. März 1970
l) *Drei Wege zum* See. In: *Simultan.* Neue Erzählungen. München 1972.
m) Kindergedicht. 1970
n) erinnert nach einem Telefongespräch vom 14. Februar 1972
o) Empfangsvermerk des Fernamtes 1 Berlin: 25. März 1972, 23:06 Uhr
p) erinnert nach einem Telefongespräch vom 22. März 1972
q) *Was ich in Rom sah und hörte.* In: *Gedichte, Erzählungen, Hörspiele, Essays.* München 1964
r) Brief vom 18. August 1970

1 *Kärntner Tageszeitung,* Mittwoch, 31. Oktober 1973
2 Austrian Airlines, Sommerflugplan. 1. April bis 31. Oktober 1973 (1. Ausgabe).
3 Herold-Adreßbuch von Österreich, Band II. Wien 1973.
4 *300 Jahre Ursulinen in Klagenfurt.* Klagenfurt 1970.
5 *Klagenfurter Zeitung* Nr. 61, 15. März 1938, p. 289
6 Dieter Wagner / Gerhard Tomkowitz, »*Ein Volk, ein Reich, ein Führer!*«. München 1968, p. 309
7 *Klagenfurter Zeitung* Nr. 63, 17. März 1938
8 *Das Schwarze Korps* (Organ der S.S.). Zitiert nach 6 aus dem Kapitel für Dienstag, den 15. März 1938, p. 362
9 *Klagenfurter Zeitung* Nr. 62, 16. März 1938
10 *Kärntner Tagblatt* Nr. 79, 6. April 1938
11 *Klagenfurter Zeitung* Nr. 167, 22. Juli 1938

12 Zitiert nach 6, p. 363
13 *Klagenfurter Zeitung* Nr. 182, 9. August 1938
14 *Erziehung und Unterricht in der Höheren Schule.* Zitiert nach der *Festschrift zur feierlichen Eröffnung des Bundes-Gymnasiums und -Realgymnasiums und Wirtschaftskundlichen Realgymnasiums für Mädchen in Klagenfurt.* Klagenfurt o. J., p. 23
15 Hermann Th. Schneider, *Die Straßen und Plätze von Klagenfurt.* Klagenfurt o. J.
16 Trude Polley, *Klagenfurt.* Wien und Hamburg 1973, p. 279. (Dort: Bibliographischer Anhang, p. 320-322.)
17 Polley, a. a. O., p. 105
18 Polley, a. a. O., p. 306 f.
19 Polley, a. a. O., p. 279 f.
20 Michael Hamburger, *A Mug's Game.* Cheadle (Cheshire) 1973, p. 132
21 Hamburger, a. a. O., p. 133 f.
22 Gerald Bisinger & Walter Höllerer (Hrsg.), *Das literarische Profil von Rom.* Berlin 1970, p. 76 f.
23 *DER SPIEGEL* Nr. 34/1954 (Mittwoch, 18. August), p. 26 ff.
24 U. J., Brief an Frau Bachmann vom 10. Juni 1966
25 U. J., Leserbrief an *DER SPIEGEL* (dort nicht abgedruckt) vom 15. Mai 1970
26 U. J., Brief an Frau Bachmann vom 30. Juli 1970
27 U. J., Brief an Frau Bachmann vom 13. August 1970
28 U. J., Brief an Frau Bachmann vom 20. Januar 1971
29 Polley, a. a. O., p. 100 f.
30 Nach dem von der Pressestelle des Klagenfurter Rathauses ausgegebenen offiziellen Lebenslauf
31 *Süddeutsche Zeitung,* 14. November 1973
32 Polley, a. a. O., p. 300 ff.
33 *Salzburger Nachrichten,* Freie Tageszeitung für die österreichischen Bundesländer, XXIX/249, 27./28. Oktober 1973
34 Polley, a. a. O., p. 309
35 Polley, a. a. O., p. 317
36 Polley, a. a. O., p. 13 f.
37 Friedrich Noack, *Das deutsche Rom.* Rom 1912, p. 40-49
38 Hans Geller, *Deutsche Künstler in Rom.* Rom 1961, p. 55-64
39 J. W. Goethe, *Römische Elegien,* VII
40 J. W. Goethe, Brief an Fritz von Stein am 16. Februar 1788
41 Platen, *Gedichte,* Heidelberg 1958, p. 177 ff.
42 *Kärntner Tageszeitung,* 28. Jahrgang/Nr. 239, Donnerstag, den 18. Oktober 1973

43 *Kärntner Tageszeitung,* 28. Jahrgang/Nr. 250, Donnerstag, den
1. November 1973
44 Wien Prospekt, Issued by Vienna Tourist Board and Austrian
Airlines. Vienna, July 1972

Der Verfasser dankt allen Personen, die ihm in Klagenfurt mit Auskünften geholfen haben, für ihre Freundlichkeit, insbesondere den Mitarbeitern der Bibliothek der Hochschule für Bildungswissenschaften (Studienbibliothek), Herrn Stadtphysikus Dr. Josef Brandl und der Frau Oberin der Ursulinen.

Zeittafel